23615

BIBLIOTHÈQUE
FRANÇAISE.

OEUVRES COMPLÈTES
DE
GRESSET.

TOME SECOND.

PARIS,
MÉNARD ET DESENNE, FILS.

1822.

ŒUVRES DE GRESSET.

VER-VERT.

A MADAME L'ABBESSE D***.

CHANT PREMIER.

Vous, près de qui les grâces solitaires
Brillent sans fard et règnent sans fierté ;
Vous, dont l'esprit, né pour la vérité,
Sait allier à des vertus austères
Le goût, les ris, l'aimable liberté ;
Puisqu'à vos yeux vous voulez que je trace
D'un noble oiseau la touchante disgrâce,
Soyez ma muse, échauffez mes accens,
Et prêtez-moi ces sons intéressans,
Ces tendres sons que forma votre lyre
Lorsque Sultane, au printemps de ses jours,
Fut enlevée à vos tristes amours,

VER-VERT.

Et descendit au ténébreux empire.
De mon héros les illustres malheurs
Peuvent aussi se promettre vos pleurs.
Sur sa vertu par le sort traversée,
Sur son voyage et ses longues erreurs,
On aurait pu faire une autre Odyssée,
Et par vingt chants endormir les lecteurs:
On aurait pu des fables surannées
Ressusciter les diables et les dieux;
Des faits d'un mois occuper des années,
Et, sur des tons d'un sublime ennuyeux,
Psalmodier la cause infortunée
D'un perroquet non moins brillant qu'Énée,
Non moins dévot, plus malheureux que lui.
Mais trop de vers entraînent trop d'ennui.
Les muses sont des abeilles volages;
Leur goût voltige, il fuit les longs ouvrages,
Et, ne prenant que la fleur d'un sujet,
Vole bientôt sur un nouvel objet.
Dans vos leçons j'ai puisé ces maximes:
Puissent vos lois se lire dans mes rimes!
Si, trop sincère, en traçant ces portraits
J'ai dévoilé les mystères secrets,
L'art des parloirs, la science des grilles,
Les graves riens, les mystiques vétilles,
Votre enjoûment me passera ces traits;
Votre raison, exempte de faiblesses,
Sait vous sauver ces fades petitesses
Sur votre esprit, soumis au seul devoir,

CHANT PREMIER.

L'illusion n'eut jamais de pouvoir :
Vous savez trop qu'un front que l'art déguise
Plaît moins au ciel qu'une aimable franchise.
Si la vertu se montrait aux mortels,
Ce ne serait ni par l'art des grimaces,
Ni sous des traits farouches et cruels,
Mais sous votre air ou sous celui des Grâces,
Qu'elle viendrait mériter nos autels.

Dans maint auteur de science profonde
J'ai lu qu'on perd à trop courir le monde;
Très-rarement en devient-on meilleur :
Un sort errant ne conduit qu'à l'erreur.
Il nous vaut mieux vivre au sein de nos lares,
Et conserver, paisibles casaniers,
Notre vertu dans nos propres foyers,
Que parcourir bords lointains et barbares;
Sans quoi le cœur, victime des dangers,
Revient chargé de vices étrangers.
L'affreux destin du héros que je chante
En éternise une preuve touchante :
Tous les échos des parloirs de Nevers,
Si l'on en doute, attesteront mes vers.

A Nevers donc, chez les Visitandines,
Vivait naguère un perroquet fameux,
A qui son art et son cœur généreux,
Ses vertus même, et ses grâces badines,
Auraient dû faire un sort moins rigoureux,
Si les bons cœurs étaient toujours heureux.

Ver-Vert (c'était le nom du personnage),
Transplanté là de l'indien rivage,
Fut, jeune encor, ne sachant rien de rien,
Au susdit cloître enfermé pour son bien.
Il était beau, brillant, leste et volage,
Aimable et franc, comme on l'est au bel âge,
Né tendre et vif, mais encore innocent;
Bref, digne oiseau d'une si sainte cage,
Par son caquet digne d'être en couvent.
 Pas n'est besoin, je pense, de décrire
Les soins des sœurs, des nonnes, c'est tout dire;
Et chaque mère, après son directeur,
N'aimait rien tant: même dans plus d'un cœur,
Ainsi l'écrit un chroniqueur sincère,
Souvent l'oiseau l'emporta sur le père.
Il partageait, dans ce paisible lieu,
Tous les sirops dont le cher père en Dieu,
Grâce aux bienfaits des nonnettes sucrées,
Réconfortait ses entrailles sacrées.
Objet permis à leur oisif amour,
Ver-Vert était l'ame de ce séjour:
Exceptez-en quelques vieilles dolentes,
Des jeunes cœurs jalouses surveillantes,
Il était cher à toute la maison.
N'étant encor dans l'âge de raison,
Libre, il pouvait et tout dire et tout faire
Il était sûr de charmer et de plaire.
Des bonnes sœurs égayant les travaux,
Il héquetait et guimpes et bandeaux.

CHANT PREMIER.

Il n'était point d'agréables parties
S'il n'y venait briller, caracoler,
Papillonner, siffler, rossignoler :
Il badinait, mais avec modestie,
Avec cet air timide et tout prudent
Qu'une novice a même en badinant :
Par plusieurs voix interrogé sans cesse,
Il répondait à tout avec justesse ;
Tel autrefois César en même temps
Dictait à quatre en styles différens.

   Admis partout, si l'on en croit l'histoire,
L'amant chéri mangeait au réfectoire :
Là tout s'offrait à ses friands desirs ;
Outre qu'encor pour ses menus plaisirs,
Pour occuper son ventre infatigable,
Pendant le temps qu'il passait hors de table,
Mille bonbons, mille exquises douceurs,
Chargeaient toujours les poches de nos sœurs.
Les petits soins, les attentions fines
Sont nés, dit-on, chez les Visitandines ;
L'heureux Ver-Vert l'éprouvait chaque jour :
Plus mitonné qu'un perroquet de cour,
Tout s'occupait du beau pensionnaire ;
Ses jours coulaient dans un noble loisir.

   Au grand dortoir il couchait d'ordinaire :
Là de cellule il avait à choisir ;
Heureuse encor, trop heureuse la mère
Dont il daignait, au retour de la nuit,
Par sa présence honorer le réduit !

Très-rarement les antiques discrètes
Logeait l'oiseau; des novices proprettes
L'alcôve simple était plus de son goût :
Car remarquez qu'il était propre en tout.
Quand chaque soir le jeune anachorète
Avait fixé sa nocturne retraite,
Jusqu'au lever de l'astre de Vénus
Il reposait sur la boîte aux agnus.
A son réveil de la fraîche nonnette,
Libre témoin, il voyait la toilette.
Je dis toilette, et je le dis tout bas :
Oui, quelque part j'ai lu qu'il ne faut pas
Aux fronts voilés des miroirs moins fidèles
Qu'aux fronts ornés de pompons et dentelles.
Ainsi qu'il est pour le monde et les cours
Un art, un goût de modes et d'atours,
Il est aussi des modes pour le voile ;
Il est un art de donner d'heureux tours
A l'étamine, à la plus simple toile ;
Souvent l'essaim des folâtres amours,
Essaim qui sait franchir grilles et tours,
Donne aux bandeaux une grâce piquante,
Un air galant à la guimpe flottante ;
Enfin, avant de paraître au parloir,
On doit au moins deux coups-d'œil au miroir.
Ceci soit dit entre nous en silence.
Sans autre écart revenons au héros.
  Dans ce séjour de l'oisive indolence
Ver-Vert vivait sans ennui, sans travaux ;

Dans tous les cœurs il régnait sans partage.
Pour lui sœur Thècle oubliait les moineaux :
Quatre serins en étaient morts de rage ;
Et deux matoux, autrefois en faveur,
Dépérissaient d'envie et de langueur.
 Qui l'aurait dit, en ces jours pleins de charmes,
Qu'en pure perte on cultivait ses mœurs ;
Qu'un temps viendrait, temps de crime et d'alarmes,
Où ce Ver-Vert, tendre idole des cœurs,
Ne serait plus qu'un triste objet d'horreur !
Arrête, muse, et retarde les larmes
Que doit coûter l'aspect de ses malheurs,
Fruit trop amer des égards de nos sœurs.

CHANT SECOND.

On juge bien qu'étant à telle école
Point ne manquait du don de la parole
L'oiseau disert, hormis dans les repas,
Tel qu'une nonne, il ne déparlait pas :
Bien est-il vrai qu'il parlait comme un livre,
Toujours d'un ton confit en savoir-vivre.
Il n'était point de ces fiers perroquets
Que l'air du siècle a rendus trop coquets,
Et qui, sifflés par des bouches mondaines,
N'ignorent rien des vanités humaines.

VER-VERT.

Ver-Vert était un perroquet dévot,
Une belle ame innocemment guidée;
Jamais du mal il n'avait eu l'idée,
Ne disait onc un immodeste mot:
Mais en revanche il savait des cantiques,
Des *oremus*, des colloques mystiques;
Il disait bien son *benedicite*,
Et *notre mère*, et *votre charité*,
Il savait même un peu le soliloque,
Et les traits fins de Marie Alacoque:
Il avait eu dans ce docte manoir
Tous les secours qui mènent au savoir.
Il était là maintes filles savantes
Qui mot pour mot portaient dans leurs cerveaux
Tous les noëls anciens et nouveaux.
Instruit, formé par leurs leçons fréquentes,
Bientôt l'élève égala ses régentes;
De leur ton même adroit imitateur,
Il exprimait la pieuse lenteur,
Les saints soupirs, les notes languissantes
Du chant des sœurs, colombes gémissantes:
Finalement Ver-Vert savait par cœur
Tout ce que sait une mère de chœur.

Trop resserré dans les bornes d'un cloître,
Un tel mérite au loin se fit connaître;
Dans tout Nevers, du matin jusqu'au soir,
Il n'était bruit que des scènes mignonnes
Du perroquet des bienheureuses nonnes;
De Moulins même on venait pour le voir.

CHANT SECOND.

Le beau Ver-Vert ne bougeait du parloir.
Sœur Mélanie, en guimpe toujours fine,
Portait l'oiseau : d'abord aux spectateurs
Elle en faisait admirer les couleurs,
Les agrémens, la douceur enfantine ;
Son air heureux ne manquait point les cœurs ;
Mais la beauté du tendre néophyte
N'était encor que le moindre mérite ;
On oubliait ces attraits enchanteurs
Dès que sa voix frappait les auditeurs.
Orné, rempli de saintes gentillesses
Que lui dictaient les plus jeunes professes,
L'illustre oiseau commençait son récit ;
A chaque instant de nouvelles finesses,
Des charmes neufs variaient son débit.
Éloge unique et difficile à croire
Pour tout parleur qui dit publiquement,
Nul ne dormait dans tout son auditoire :
Quel orateur en pourrait dire autant ?
On l'écoutait, on vantait sa mémoire :
Lui cependant, stylé parfaitement,
Bien convaincu du néant de la gloire,
Se rengorgeait toujours dévotement,
Et triomphait toujours modestement.
Quand il avait débité sa science,
Serrant le bec, et parlant en cadence,
Il s'inclinait d'un air sanctifié,
Et laissait là son monde édifié.
Il n'avait dit que des phrases gentilles,

Que des douceurs, excepté quelques mots
De médisance, et tels propos de filles
Que par hasard il apprenait aux grilles,
Ou que nos sœurs traitaient dans leur enclos.

 Ainsi vivait dans ce nid délectable,
En maître, en saint, en sage véritable,
Père Ver-Vert, cher à plus d'une Hébé,
Gras comme un moine, et non moins vénérable,
Beau comme un cœur, savant comme un abbé,
Toujours aimé, comme toujours aimable,
Civilisé, musqué, pincé, rangé;
Heureux enfin s'il n'eût pas voyagé.

 Mais vint ce temps d'affligeante mémoire,
Ce temps critique où s'éclipse sa gloire.
O crime! ô honte! ô cruel souvenir!
Fatal voyage! aux yeux de l'avenir
Que ne peut-on en dérober l'histoire!
Ah! qu'un grand nom est un bien dangereux!
Un sort caché fut toujours plus heureux.
Sur cet exemple on peut ici m'en croire;
Trop de talens, trop de succès flatteurs,
Traînent souvent la ruine des mœurs.

 Ton nom, Ver-Vert, tes prouesses brillantes,
Ne furent point bornés à ces climats;
La Renommée annonça tes appas,
Et vint porter ta gloire jusqu'à Nantes.
Là, comme on sait, la Visitation
A son bercail de révérendes mères,
Qui, comme ailleurs, dans cette nation

CHANT SECOND.

A tout savoir ne sont pas les dernières.
Par quoi bientôt, apprenant des premières
Ce qu'on disait du perroquet vanté,
Desir leur vint d'en voir la vérité.
Desir de fille est un feu qui dévore,
Desir de nonne est cent fois pire encore.
Déjà les cœurs s'envolent à Nevers;
Voilà d'abord vingt têtes à l'envers
Pour un oiseau. L'on écrit tout à l'heure
En Nivernais à la supérieure,
Pour la prier que l'oiseau plein d'attraits
Soit pour un temps amené par la Loire;
Et que, conduit au rivage nantais,
Lui-même il puisse y jouir de sa gloire,
Et se prêter à de tendres souhaits.
La lettre part. Quand viendra la réponse ?
Dans douze jours. Quel siècle jusque-là !
Lettre sur lettre, et nouvelle semonce :
On ne dort plus ; sœur Cécile en mourra.

Or à Nevers arrive enfin l'épître.
Grave sujet, on tient le grand chapitre :
Telle requête effarouche d'abord.
Perdre Ver-Vert ! ô ciel ! plutôt la mort !
Dans ces tombeaux, sous ces tours isolées,
Que ferons-nous si ce cher oiseau sort ?
Ainsi parlaient les plus jeunes voilées,
Dont le cœur vif, et las de son loisir,
S'ouvrait encore à l'innocent plaisir :
Et, dans le vrai, c'était la moindre chose

Que cette troupe, étroitement enclose,
A qui d'ailleurs tout autre oiseau manquait,
Eût pour le moins un pauvre perroquet.
L'avis pourtant des mères assistantes,
De ce sénat antiques présidentes,
Dont le vieux cœur aimait moins vivement,
Fut d'envoyer le pupille charmant
Pour quinze jours; car, en têtes prudentes,
Elles craignaient qu'un refus obstiné
Ne les brouillât avec nos sœurs de Nantes:
Ainsi jugea l'état embéguiné.
Après ce bill des myladis de l'ordre
Dans la commune arrive grand désordre:
Quel sacrifice! y peut-on consentir?
Est-il donc vrai, dit la sœur Séraphine?
Quoi! nous vivons, et Ver-Vert va partir!
D'une autre part la mère sacristine
Trois fois pâlit, soupire quatre fois,
Pleure, frémit, se pâme, perd la voix.
Tout est en deuil. Je ne sais quel présage
D'un noir crayon leur trace ce voyage;
Pendant la nuit des songes pleins d'horreur
Du jour encor redoublent la terreur.
Trop vains regrets! l'instant funeste arrive:
Jà tout est prêt sur la fatale rive;
Il faut enfin se résoudre aux adieux,
Et commencer une absence cruelle:
Jà chaque sœur gémit en tourterelle,
Et plaint d'avance un veuvage ennuyeux.

CHANT SECOND.

Que de baisers au sortir de ces lieux
Reçut Ver-Vert! Quelles tendres alarmes!
On se l'arrache, on le baigne de larmes;
Plus il est prêt de quitter ce séjour,
Plus où lui trouve et d'esprit et de charmes.
Enfin pourtant il a passé le tour :
Du monastère avec lui fuit l'Amour.
Pars, va, mon fils, vole où l'honneur t'appelle;
Reviens charmant, reviens toujours fidèle;
Que les zéphyrs te portent sur les flots,
Tandis qu'ici dans un triste repos
Je languirai, forcément exilée,
Sombre, inconnue, et jamais consolée :
Pars, cher Ver-Vert, et dans ton heureux cours
Sois pris partout pour l'aîné des Amours.
Tel fut l'adieu d'une nonnain poupine,
Qui pour distraire et charmer sa langueur,
Entre deux draps avait à la sourdine
Très-souvent fait l'oraison dans Racine,
Et qui, sans doute, aurait de très-grand cœur
Loin du couvent suivi l'oiseau parleur.
Mais c'en est fait, on embarque le drôle,
Jusqu'à présent vertueux, ingénu,
Jusqu'à présent modeste en sa parole :
Puisse son cœur, constamment défendu,
Au cloître un jour rapporter sa vertu!
Quoi qu'il en soit, déjà la rame vole;
Du bruit des eaux les airs ont retenti ;
Un bon vent souffle, on part, on est parti.

CHANT TROISIÈME.

La même nef, légère et vagabonde,
Qui voiturait le saint oiseau sur l'onde,
Portait aussi deux nymphes, trois dragons,
Une nourrice, un moine, deux Gascons :
Pour un enfant qui sort du monastère
C'était échoir en dignes compagnons !
Aussi Ver-Vert, ignorant leurs façons,
Se trouva là comme en terre étrangère :
Nouvelle langue et nouvelles leçons.
L'oiseau surpris n'entendait point leur style :
Ce n'était plus paroles d'évangile ;
Ce n'était plus ces pieux entretiens,
Ces traits de bible et d'oraisons mentales,
Qu'il entendait chez nos douces vestales ;
Mais de gros mots, et non des plus chrétiens :
Car les dragons, race assez peu dévote,
Ne parlaient là que langue de gargotte ;
Charmant au mieux les ennuis du chemin,
Ils ne fêtaient que le patron du vin :
Puis les Gascons et les trois péronnelles
Y concertaient sur des tons de ruelles :
De leur côté les bateliers juraient,
Rimaient en dieu, blasphémaient, et sacraient ;

CHANT TROISIÈME.

Leur voix, stylée aux tons mâles et fermes,
Articulait sans rien perdre des termes.
Dans le fracas, confus, embarrassé,
Ver-Vert gardait un silence forcé;
Triste, timide, il n'osait se produire,
Et ne savait que penser et que dire.

Pendant la route on voulut par faveur
Faire causer le perroquet rêveur.
Frère Lubin d'un ton peu monastique
Interrogea le beau mélancolique:
L'oiseau bénin prend son air de douceur,
Et, vous poussant un soupir méthodique,
D'un ton pédant répond, *Ave, ma sœur*.
A cet *Ave* jugez si l'on dut rire;
Tous en *chorus* bernent le pauvre sire.
Ainsi berné le novice interdit
Comprit en soi qu'il n'avait pas bien dit,
Et qu'il serait mal mené des commères
S'il ne parlait la langue des confrères:
Son cœur, né fier, et qui jusqu'à ce temps
Avait été nourri d'un doux encens,
Ne put garder sa modeste constance
Dans cet assaut de mépris flétrissans.
A cet instant, en perdant patience,
Ver-Vert perdit sa première innocence.
Dès-lors ingrat, en soi-même il maudit
Les chères sœurs, ses premières maîtresses,
Qui n'avaient pas su mettre en son esprit
Du beau français les brillantes finesses,

Les sons nerveux et les délicatesses.
A les apprendre il met donc tous ses soins,
Parlant très-peu, mais n'en pensant pas moins.
D'abord l'oiseau, comme il n'était pas bête,
Pour faire place à de nouveaux discours,
Vit qu'il devait oublier pour toujours
Tous les gaudés qui farcissaient sa tête :
Ils furent tous oubliés en deux jours;
Tant il trouva la langue à la dragonne
Plus du bel air que les termes de nonne!
En moins de rien l'éloquent animal,
(Hélas! jeunesse apprend trop bien le mal!)
L'animal, dis-je, éloquent et docile,
En moins de rien fut rudement habile :
Bien vite il sut jurer et maugréer
Mieux qu'un vieux diable au fond d'un bénitier;
Il démentit les célèbres maximes
Où nous lisons qu'on ne vient aux grands crimes
Que par degrés ; il fut un scélérat
Profès d'abord, et sans noviciat.
Trop bien sut-il graver en sa mémoire
Tout l'alphabet des bateliers de Loire;
Dès qu'un d'iceux, dans quelque vertigo,
Lâchait un mor.... Ver-Vert faisait l'écho :
Lors applaudi par la bande susdite,
Fier et content de son petit mérite,
Il n'aima plus que le honteux honneur
De savoir plaire au monde suborneur;
Et, dégradant son généreux organe,

CHANT TROISIÈME.

Il ne fut plus qu'un orateur profane.
Faut-il qu'ainsi l'exemple séducteur
Du ciel au diable emporte un jeune cœur!
 Pendant ces jours, durant ces tristes scènes,
Que faisiez-vous dans vos cloîtres déserts,
Chastes Iris du couvent de Nevers?
Sans doute, hélas! vous faisiez des neuvaines
Pour le retour du plus grand des ingrats,
Pour un volage indigne de vos peines,
Et qui, soumis à de nouvelles chaînes,
De vos amours ne faisait plus de cas.
Sans doute alors l'accès du monastère
Était d'ennuis tristement obsédé;
La grille était dans un deuil solitaire,
Et le silence était presque gardé.
Cessez vos vœux: Ver-Vert n'en est plus digne;
Ver-Vert n'est plus cet oiseau révérend,
Ce perroquet d'une humeur si bénigne,
Ce cœur si pur, cet esprit si fervent:
Vous le dirai-je? il n'est plus qu'un brigand,
Lâche apostat, blasphémateur insigne;
Les vents légers et les nymphes des eaux
Ont moissonné le fruit de vos travaux.
Ne vantez point sa science infinie;
Sans la vertu que vaut un grand génie?
N'y pensez plus: l'infâme a sans pudeur
Prostitué ses talens et son cœur.
 Déjà pourtant on approche de Nantes,
Où languissaient nos sœurs impatientes;

Pour leurs desirs le jour trop tard naissait,
Des cieux trop tard le jour disparaissait.
Dans ces ennuis, l'espérance flatteuse,
A nous tromper toujours ingénieuse,
Leur promettait un esprit cultivé,
Un perroquet noblement élevé,
Une voix tendre, honnête, édifiante,
Des sentimens, un mérite achevé :
Mais, ô douleur ! ô vaine et fausse attente !
La nef arrive, et l'équipage en sort.
Une tourière était assise au port ;
Dès le départ de la première lettre
Là, chaque jour elle venait se mettre;
Ses yeux, errans sur le lointain des flots,
Semblaient hâter le vaisseau du héros.
En débarquant auprès de la béguigne,
L'oiseau madré la connut à la mine,
A son œil prude ouvert en tapinois,
A sa grand' coiffe, à sa fine étamine,
A ses gants blancs, à sa mourante voix,
Et mieux encore à sa petite croix.
Il en frémit, et même il est croyable
Qu'en militaire il la donnait au diable ;
Trop mieux aimant suivre quelque dragon,
Dont il savait le bachique jargon,
Qu'aller apprendre encor les litanies,
La révérence, et les cérémonies.
Mais force fut au grivois dépité
D'être conduit au gîte détesté.

CHANT QUATRIÈME.

Malgré ses cris, la tourière l'emporte :
Il la mordait, dit-on, de bonne sorte,
Chemin faisant ; les uns disent au cou,
D'autres au bras ; on ne sait pas bien où :
D'ailleurs qu'importe ? à la fin, non sans peine,
Dans le couvent la béate l'emmène ;
Elle l'annonce. Avec grande rumeur
Le bruit en court. Aux premières nouvelles
La cloche sonne : on était lors au chœur ;
On quitte tout, on court, on a des ailes :
« C'est lui, ma sœur ! il est au grand parloir ! »
On vole en foule, on grille de le voir ;
Les vieilles même, au marcher symétrique,
Des ans tardifs ont oublié le poids :
Tout rajeunit ; et la mère Angélique
Courut alors pour la première fois.

CHANT QUATRIÈME.

On voit enfin, on ne peut se repaître
Assez les yeux des beautés de l'oiseau ;
C'était raison, car le fripon, pour être
Moins bon garçon, n'en était pas moins beau ;
Cet œil guerrier et cet air petit-maître
Lui prêtaient même un agrément nouveau.
Faut-il, grand Dieu ! que sur le front d'un traître

Brillent ainsi les plus tendres attraits!
Que ne peut-on distinguer et connaître
Les cœurs pervers à de difformes traits!
Pour admirer les charmes qu'il rassemble
Toutes les sœurs parlent toutes ensemble :
En entendant cet essaim bourdonner
On eût à peine entendu Dieu tonner.
Lui cependant, parmi tout ce vacarme,
Sans daigner dire un mot de piété,
Roulait les yeux d'un air de jeune carme.
Premier grief; cet air trop effronté
Fut un scandale à la communauté.
En second lieu, quand la mère prieure
D'un air auguste, en fille intérieure,
Voulut parler à l'oiseau libertin;
Pour premiers mots, et pour toute réponse,
Nonchalamment, et d'un air de dédain,
Sans bien songer aux horreurs qu'il prononce,
Mon gars répond avec un ton faquin :
« Par la corbleu! que les nonnes sont folles! »
L'histoire dit qu'il avait en chemin
D'un de la troupe entendu ces paroles.
A ce début la sœur Saint-Augustin,
D'un air sucré, voulant le faire taire,
En lui disant : Fi donc, mon très-cher frère!
Le très-cher frère, indocile et mutin,
Vous la rima très-richement en tain.
Vive Jésus! il est sorcier, ma mère!
Reprend la sœur. Juste Dieu! quel coquin!

CHANT QUATRIEME.

Quoi! c'est donc là ce perroquet divin?
Ici Ver-Vert, en vrai gibier de Grève,
L'apostropha d'un *la peste te crève!*
Chacune vint pour brider le caquet
Du grenadier, chacune eut son paquet:
Turlupinant les jeunes précieuses,
Il imitait leur courroux babillard;
Plus déchaîné sur les vieilles grondeuses,
Il bafouait leur sermon nasillard.

Ce fut bien pis quand, d'un ton de corsaire,
Las, excédé de leurs fades propos,
Bouffi de rage, écumant de colère,
Il entonna tous les horribles mots
Qu'il avait su rapporter des bateaux,
Jurant, sacrant d'une voix dissolue,
Faisant passer tout l'enfer en revue;
Les B, les F, voltigeaient sur son bec.
Les jeunes sœurs crurent qu'il parlait grec.
« Jour de Dieu!... mor!... mille pipes de diables!»
Toute la grille, à ces mots effroyables,
Tremble d'horreur: les nonnettes sans voix
Font, en fuyant, mille signes de croix:
Toutes, pensant être à la fin du monde,
Courent en poste aux caves du couvent;
Et sur son nez, la mère Cunégonde,
Se laissant choir, perd sa dernière dent.
Ouvrant à peine un sépulcral organe:
Père éternel! dit la sœur Bibiane,
Miséricorde! ah! qui nous a donné

Cet antechrist, ce démon incarné ?
Mon doux Sauveur ! en quelle conscience
Peut-il ainsi jurer comme un damné ?
Est-ce donc là l'esprit et la science
De ce Ver-Vert si chéri, si prôné ?
Qu'il soit banni ! qu'il soit remis en route !
O dieu d'amour, reprend la sœur Écoute,
Quelles horreurs ! chez nos sœurs de Nevers
Quoi ! parle-t-on ce langage pervers ?
Quoi ! c'est ainsi qu'on forme la jeunesse !
Quel hérétique ! ô divine sagesse !
Qu'il n'entre point ! avec ce Lucifer
En garnison nous aurions tout l'enfer.

 Conclusion; Ver-Vert est mis en cage :
On se résout, sans tarder davantage,
A renvoyer le parleur scandaleux.
Le pélerin ne demandait pas mieux.
Il est proscrit, déclaré détestable,
Abominable, atteint et convaincu
D'avoir tenté d'entamer la vertu
Des saintes sœurs : toutes de l'exécrable
Signent l'arrêt, en pleurant le coupable ;
Car quel malheur qu'il fût si dépravé,
N'étant encor qu'à la fleur de son âge,
Et qu'il portât, sous un si beau plumage,
La fière humeur d'un escroc achevé,
L'air d'un païen, le cœur d'un réprouvé !

 Il part enfin, porté par la tourière,
Mais sans la mordre en retournant au port :

CHANT QUATRIÈME.

Une cabane emporte le compère,
Et sans regret il fuit ce triste bord.
　De ses malheurs telle fut l'Iliade.
Quel désespoir, lorsqu'enfin de retour
Il vint donner pareille sérénade,
Pareil scandale en son premier séjour !
Que résoudront nos sœurs inconsolables ?
Les yeux en pleurs, les sens d'horreurs troublés,
En manteaux longs, en voiles redoublés
Au discrétoire entrent neuf vénérables :
Figurez-vous neuf siècles assemblés.
Là, sans espoir d'aucun heureux suffrage,
Privé des sœurs qui plaideraient pour lui,
En plein parquet enchaîné dans sa cage,
Ver-Vert paraît sans gloire et sans appui.
On est aux voix : déjà deux des sibylles
En billets noirs ont crayonné sa mort ;
Deux autres sœurs, un peu moins imbécilles,
Veulent qu'en proie à son malheureux sort
On le renvoie au rivage profane
Qui le vit naître avec le noir brachmane ;
Mais de concert les cinq dernières voix
Du châtiment déterminent le choix :
On le condamne à deux mois d'abstinence,
Trois de retraite, et quatre de silence ;
Jardins, toilette, alcôves et biscuits,
Pendant ce temps lui seront interdits.
Ce n'est point tout : pour comble de misère,
On lui choisit pour garde ! pour geolière,

Pour entretien, l'Alecton du couvent,
Une converse, infante douairière,
Singe voilé, squelette octogénaire,
Spectacle fait pour l'œil d'un pénitent.
Malgré les soins de l'Argus inflexible,
Dans leurs loisirs souvent d'aimables sœurs,
Venant le plaindre avec un air sensible,
De son exil suspendaient les rigueurs :
Sœur Rosalie, au retour de matines,
Plus d'une fois lui porta des pralines ;
Mais, dans les fers, loin d'un libre destin,
Tous les bonbons ne sont que chicotin.
 Couvert de honte, instruit par l'infortune,
Ou las de voir sa compagne importune,
L'oiseau contrit se reconnut enfin :
Il oublia les dragons et le moine :
Et, pleinement remis à l'unisson
Avec nos sœurs pour l'air et pour le ton,
Il redevint plus dévot qu'un chanoine.
Quand on fut sûr de sa conversion,
Le vieux divan, désarmant sa vengeance,
De l'exilé borna la pénitence.
De son rappel, sans doute, l'heureux jour
Va pour ces lieux être un jour d'alégresse ;
Tous ses instans, donnés à la tendresse,
Seront filés par la main de l'Amour.
Que dis-je ? hélas ! ô plaisirs infidèles !
O vains attraits de délices mortelles !
Tous les dortoirs étaient jonchés de fleurs ;

CHANT QUATRIÈME.

Café parfait, chansons, course légère,
Tumulte aimable et liberté plénière ;
Tout exprimait de charmantes ardeurs,
Rien n'annonçait de prochaines douleurs :
Mais, de nos sœurs ô largesse indiscrète !
Du sein des maux d'une longue diète
Passant trop tôt dans des flots de douceurs,
Bourré de sucre, et brûlé de liqueurs,
Ver-Vert tombant sur un tas de dragées,
En noirs cyprès vit ses roses changées.
En vain les sœurs tâchaient de retenir
Son ame errante et son dernier soupir ;
Ce doux excès hâtant sa destinée,
Du tendre amour victime fortunée,
Il expira dans le sein du plaisir.
On admirait ses paroles dernières.
Vénus enfin, lui fermant les paupières,
Dans l'Élysée et les sacrés bosquets
Le mène au rang des héros perroquets,
Près de celui dont l'amant de Corine
A pleuré l'ombre et chanté la doctrine.
Qui peut narrer combien l'illustre mort
Fut regretté ! La sœur dépositaire
En composa la lettre circulaire
D'où j'ai tiré l'histoire de son sort.
Pour le garder à la race future,
Son portrait fut tiré d'après nature.
Plus d'une main, conduite par l'amour,
Sut lui donner une seconde vie

Par les couleurs et par la broderie ;
Et la Douleur, travaillant à son tour,
Peignit, broda des larmes à l'entour.
On lui rendit tous les honneurs funèbres
Que l'Hélicon rend aux oiseaux célèbres.
Au pied d'un myrte on plaça le tombeau
Qui couvre encor le Mausole nouveau :
Là, par la main des tendres Artémises,
En lettres d'or ces rimes furent mises
Sur un porphyre environné de fleurs ;
En les lisant on sent naître ses pleurs :

« Novices, qui venez causer dans ces bocages
» A l'insu de nos graves sœurs,
» Un instant, s'il se peut, suspendez vos ramages ;
» Apprenez nos malheurs.
» Vous vous taisez : si c'est trop vous contraindre,
» Parlez, mais parlez pour nous plaindre ;
» Un mot vous instruira de nos tendres douleurs :
» Ci-gît Ver-Vert, ci-gisent tous les cœurs. »

On dit pourtant (pour terminer ma glose
En peu de mots) que l'ombre de l'oiseau
Ne loge plus dans le susdit tombeau ;
Que son esprit dans les nonnes repose,
Et qu'en tout temps, par la métempsycose,
De sœurs en sœurs, l'immortel perroquet
Transportera son ame et son caquet.

FIN DE VER-VERT.

LE CARÊME IMPROMPTU.

Sous un ciel toujours rigoureux,
Au sein des flots impétueux,
Non loin de l'armorique plage,
Il est une île, affreux rivage,
Habitacle marécageux,
Moitié peuplé, moitié sauvage,
Dont les habitans malheureux,
Séparés du reste du monde,
Semblent ne connaître que l'onde,
Et n'être connus que des cieux.
Des nouvelles de la nature
Viennent rarement sur ces bords;
On n'y sait que par aventure,
Et par de très-tardifs rapports,
Ce qui se passe sur la terre,
Qui fait la paix, qui fait la guerre,
Qui sont les vivans et les morts.
 De cette étrange résidence
Le curé, sans trop d'embarras,
Enseveli dans l'indolence
D'une héréditaire ignorance,
Vit de baptême et de trépas,
Et d'offices qu'il n'entend pas;

LE CARÊME.

Parmi les notables de l'île
Il est regardé comme habile
Quand il peut dire quelquefois
Le mois de l'an, le jour du mois.
On va penser que j'exagère,
Et que j'outre le caractère :
« Quelle apparence, dira-t-on ?
» Quelle île assez abandonnée
» Ignore le temps de l'année ?
» Non, ce trait ne peut être bon
» Que dans une île imaginée
» Par le fabuleux Robinson. »
   De grâce, censeur incrédule,
Ne jugez point sur ce soupçon.
Un fait narré sans fiction
Va vous enlever ce scrupule :
Il porte la conviction ;
Je n'y mettrai que la façon.
   Le curé de l'île susdite,
Vieux papa, bon Israélite,
(N'importe quand advint le cas)
N'avait point avant les étrennes
Fait apporter de nos climats
De guide-ânes ni d'almanachs,
Pour le guider dans ses antiennes,
Et régler ses petits états.
Il reconnut sa négligence ;
Mais trop tard vint la prévoyance.
   La saison ne permettait pas

IMPROMPTU.

De faire voile vers la France :
Abandonnée aux noirs frimas
La mer n'était plus praticable,
Et l'on n'espérait les bons vents
Qui rendent l'onde navigable,
Et le continent abordable,
Qu'à la naissance du printemps.
   Pendant ces trois mois de tempête
Que faire sans calendrier ?
Comment placer les jours de fêtes ?
Comment les différencier ?
Dans une pareille méprise
Quelque autre curé plus savant
N'aurait pu régir son église,
Et peut-être dévotement,
Bravant les fougues de la bise,
Se serait livré sans remise
Aux périls du moite élément ;
Mais, pour une telle imprudence,
Doué d'un trop bon jugement,
Notre bon prêtre assurément
Chérissait trop son existence.
C'était d'ailleurs un vieux routier,
Qui, s'étant fait une habitude
Des fonctions de son métier,
Officiait sans trop d'étude,
Et qui, dans sa décrépitude,
Dégoisait psaumes et leçons
Sans y faire tant de façons.

LE CARÊME

Prenant donc son parti sans peine,
Il annonce le premier mois,
Et recommande par trois fois,
A son assistance chrétienne,
De ne point finir la semaine
Sans chommer la fête des rois.
Ces premiers points étaient faciles;
Il ne trouva de l'embarras
Qu'en pensant qu'il ne saurait pas
Où ranger les fêtes mobiles.
Qu'y faire enfin? Peu scrupuleux,
Il décida, ne pouvant mieux,
Que ces fêtes, comme ignorées,
Ne seraient chez lui célébrées
Que quand au retour du zéphyr,
Lui-même il aurait pu venir
Prendre langue dans nos contrées.
Il crut cet avis selon Dieu:
Ce fut celui de son vicaire,
De Javotte sa ménagère,
Et de son magister Mathieu,
La plus forte tête du lieu.

Ceci posé, janvier se passe;
Plus agile encor dans son cours,
Février fuit, mars le remplace,
Et l'aquilon régnait toujours:
Du printemps avec patience
Attendant le prochain retour,
Et sur l'annuelle abstinence

IMPROMPTU.

Prétendant cause d'ignorance,
Ou, bonnement et sans détour,
Par faute de réminiscence,
Notre vieux curé chaque jour
Se mettait sur la conscience
Un chapon de sa basse-cour.
Cependant, poursuit la chronique,
Le carême depuis un mois
Sur tout l'univers catholique
Étendait ses austères lois :
L'île seule, grâce au bon homme,
A l'abri des statuts de Rome,
Voyait ses libres habitans
Vivre en gras pendant tout ce temps.
De vrai ce n'était fine chère ;
Mais cependant chaque insulaire,
Mi-paysan et mi-bourgeois,
Pouvait parer son ordinaire
D'un fin lard flanqué de vieux pois.
A l'exemple du presbytère,
Tous, dans cette erreur salutaire,
Soupaient pour nous d'un cœur joyeux,
Tandis que nous jeûnions pour eux.
 Enfin pourtant le froid Borée
Quitta l'onde plus tempérée.
Voyant qu'il était plus que temps
D'instruire nos impénitens,
Le diable, content de lui-même,
Ne retarda plus le printemps :

LE CARÊME

C'était lui qui, par stratagème,
Leur rendant contraire tout vent,
Avait voulu, chemin faisant,
Leur escamoter un carême,
Pour se divertir en passant.
Le calme rétabli sur l'onde,
Mon curé, selon son serment,
Pour voir comment allait le monde,
S'embarque sans retardement,
S'étant bien lesté la bedaine
De quatre tranches de jambon :
Fait digne de réflexion ;
Car de la sainte quarantaine
Déjà la cinquième semaine
Venait de commencer son cours.
Il vient ; il trouve avec surprise
Que dans l'empire de l'église
Pâques revenait dans dix jours :
« Dieu soit loué ! prenons courage,
» Dit-il, enfonçant son castor ;
» Grâce au Seigneur notre voyage
» Se trouve fait à temps encor
» Pour pouvoir, dans mon hermitage,
» Fêter Pâques selon l'usage. »
Content il rentre sur son bord,
Après avoir fait ses emplettes
Et d'almanachs et de lunettes.
Il part, il arrive à bon port
Dans ses solitaires retraites,

IMPROMPTU.

Le lendemain, jour des rameaux,
Prônant avec un zèle extrême,
Il notifie à ses vassaux
La date de notre carême :
« Mais, poursuit-il, j'ai mon système,
» Mes frères, nous n'y perdrons rien,
» Et nous le rattraperons bien :
» D'abord, avant notre abstinence,
» Pour garder l'usage ancien,
» Et bien remplir toute observance,
» Le mardi-gras sera mardi ;
» Le jour des cendres, mercredi ;
» Suivront trois jours de pénitence,
» Dans toute l'île on jeûnera ;
» Et dimanche, unis à l'église,
» Sans plus craindre aucune méprise,
» Nous chanterons l'*Alleluia*. »

LE LUTRIN VIVANT.

A M. L'ABBÉ DE SEGONZAC.

De mes écrits, aimable confident,
Cher Segonzac, ma muse solitaire,
De ses ennuis brisant la chaîne austère,
Vient près de toi retrouver l'enjoûment.
Je m'en souviens, lorsqu'un sort plus charmant
Nous unissait sur les rives de Loire,
Aux champs heureux dont Tours est l'ornement,
Lieux toujours chers au dieu de l'agrément,
Je te promis qu'au temple de mémoire
Je placerais le pupitre vivant,
Dont je t'appris la naissance et la gloire.
Je l'ai promis; je remplis mon serment.
A dire vrai, cette moderne histoire
Est un peu folle, il en faut convenir.
Est-ce un défaut? non, si c'est un plaisir.
Dans les langueurs de la mélancolie
Quoi! la sagesse est-elle de saison?
Un trait comique, une vive saillie,
Marqués au coin de l'aimable folie,
Consolent mieux qu'une froide oraison
Que prêche en vain l'ennuyeuse raison.

Quoi qu'il en soit, ma Minerve sévère
Adoucira ces grotesques portraits,
Et, les voilant d'une gaze légère,
Ne montrera que la moitié des traits.
Venons au fait : honni qui mal y pense !
Attention : j'ai toussé ; je commence.

Non loin des bords du Cher et de l'Auron,
Dans un climat dont je tairai le nom,
Est un vieux bourg, dont l'église sans vitres
A pour clergé le plus gueux des chapitres.
Là ne sont point de ces mortels fleuris
Qui, dans les bras d'une heureuse indolence,
Exempts d'étude et libres d'abstinence,
N'ont qu'à nourrir leurs brillans coloris :
On ne voit là que pâles effigies
Qui du champagne onc ne furent rougies,
Que maigres clercs, chanoines avortons,
Sans rabats fins et sans triples mentons ;
Contraints d'aller, traînant leurs faces blêmes,
A chaque office, et de chanter eux-mêmes.
Ils ont pourtant, pour aider leur labeur,
Un chapelain et quatre enfans de chœur :
Ces jouvenceaux ont leur gîte ordinaire
Chez dame Barbe ; elle leur sert de mère
Et de soutien : le public est leur père.

Il faut savoir, pour plus grande clarté,
Que dame Barbe est une octogénaire,
Un vétéran de la communauté,
Fille jadis, aujourd'hui douairière,

Qui dès seize ans, d'un siècle corrompu
Craignant l'écueil, pour mettre sa vertu
Mieux à couvert des mondains et des moines,
Crut devoir vivre auprès d'un des chanoines ;
D'abord servante ; ensuite adroitement
Elle parvint jusqu'au gouvernement.
Déjà trois fois elle a vu dans l'église
De père en fils chaque charge transmise.
Barbe, en un mot, au chapitre susdit
De race en race a gardé son crédit.
Or chez ladite arriva notre histoire
En juin dernier : l'aventure est notoire.
 Par cas fortuit, l'enfant de chœur Lucas
Avait usé l'étui des Pays-Bas :
Vous m'entendez ; sa culotte trop mûre
Le trahissait par mainte découpure ;
Déjà la brèche, augmentant tous les jours,
Démantelait la place et les faubourgs.
Barbe le voit, s'attendrit : mais que faire ?
Elle était pauvre, et l'étoffe était chère ;
D'une autre part le chapitre était gueux ;
Et puis d'ailleurs le petit malheureux,
Ouvrage né d'un auteur anonyme,
Ne connaissant parens ni légitime,
N'avait en tout dans ce stérile lieu
Pour se chauffer que la grâce de Dieu ;
Il languissait dans une triste attente,
Gardant la chambre, et rarement debout.
Enfin pourtant, l'habile gouvernante

VIVANT.

Sut luï forger une armure décente
A peu de frais et dans un nouveau goût :
Nécessité tire parti de tout ;
Nécessité d'industrie est la mère.

 Chez Barbe était un vieux antiphonaire,
Vieux graduel, ample et poudreux bouquin,
Dont aux bons jours on parait le lutrin ;
D'épais lambeaux d'un parchemin gothique
Formaient le corps de ce grimoire antique :
De ces feuillets, de la crasse endurcis,
L'âge avait fait une étoffe en glacis.
La vieille crut qu'on pouvait sans dommages
Du livre affreux détacher quelques pages :
Elle en prend quatre, et les coud proprement
Pour relier un volume vivant.
Mais le hasard voulut que l'ouvrière,
Très-peu savante en pareille matière,
Dans les feuillets qu'elle prit sans façon
Prit justement la messe du patron.
L'ouvrage fait, elle en coiffe à la diable
L'humanité du petit misérable ;
Par quoi Lucas, chamarré de plain-chant,
Ne craignait plus les insultes du vent.
Or cependant arrive la Saint Brice,
Fête du lieu, fête du grand office :
Le maître chantre, intendant du lutrin,
Vient au grand livre ; il cherche, mais en vain ;
A feuilleter il perd et temps et peine :
Il jure, il sacre, et s'imagine enfin

Qu'un chœur de rats a mangé les antiennes ;
Mais par bonheur, dans ce triste embarras,
Ses yeux distraits rencontrent mon Lucas,
Qui, de grimauds renforçant une troupe,
Sans le savoir portait l'office en croupe ;
Le chantre lit, et retrouve au niveau
Tous ses versets sur ce livre nouveau :
Sur l'heure il fait son rapport au chapitre.
On délibère ; on décide soudain
Que le marmot, braqué sur le pupitre,
Y servira de livre et de lutrin.
Sur cet arrêt on le style au service ;
En quatre tours il apprend l'exercice.
Déjà d'un air intrépide et dévot
Lucas s'accroche à l'aigle du pivot :
A livre ouvert le chapier en lunettes
Vient entonner ; un groupe de mazettes
Très-gravement poursuit ce chant falot.
Concert grotesque et digne de Callot.
   Tout allait bien jusques à l'évangile.
Ferme et plus fier qu'un sénateur romain,
Lucas, tenant sa façade immobile,
Avec succès aurait gagné la fin :
Mais, par malheur, une guêpe incivile,
Par la couture entr'ouvrant le vélin,
Déconcerta le sensible lutrin.
D'abord il souffre, il se fait violence,
Et, tenant bon, il enrage en silence ;
Mais l'aiguillon allant toujours son train,

Pour éviter l'insecte impitoyable,
Le lutrin fuit en criant comme un diable ;
Et loin de là va, partant comme un trait,
Pour se guérir, retourner le feuillet.
Le fait est sûr : sans peine on peut m'en croire;
De deux Gascons je tiens toute l'histoire.
C'est pour toi seul, ami tendre et charmant,
Que j'ai permis à ma muse exilée,
Loin de tes yeux tristement isolée,
De s'égayer sur cet amusement,
Fruit d'un caprice, ouvrage d'un moment :
Que loin de toi jamais il ne transpire.

Si par hasard il vient à d'autres yeux,
Les esprits francs qui daigneront le lire,
Sans s'appliquer, follement scrupuleux,
A me trouver un crime dans mes jeux,
Honoreront peut-être d'un sourire
Ce libre essor d'un aimable délire,
Délassement d'un travail sérieux.
Pour les bigots et les froids précieux,
Peuple sans goût, gens qu'un faux zèle inspire,
De nos chansons critiques ténébreux,
Censeurs de tout, exempts de rien produire.
Sans trop d'effroi je m'attends à leur ire.
Déjà j'en vois un trio langoureux
S'ensevelir dans un réduit poudreux,
Fronder mes vers, foudroyer et proscrire
Ce badinage ; en faire un monstre affreux;

Je les entends gravement s'entredire,
D'un air capable et d'un ton doucereux :

« Y pense-t-il ? quel écrit scandaleux !
» Quel temps perdu ! pourquoi, s'il veut écrire,
» Ne prend-il point des sujets plus pompeux,
» Des traits moraux, des éloges fameux ?.... »
Mais, dédaignant leur absurde satire,
Aimable abbé, nous ne ferons que rire
De voir ainsi ces graves ennuyeux
Perdre à gronder, à me chercher des crimes,
Bien plus de temps et de peines entre eux,
Que je n'en perds à façonner ces rimes.

Pour toi, fidèle au goût, au sentiment,
Franc des travers de leur aigre doctrine,
Tu n'iras point peser stoïquement
Au grave poids d'une raison chagrine
Les jeux légers d'une muse badine.
Non : la raison, celle que tu chéris,
A ses côtés laisse marcher les ris,
Et laisse au froc ces vertus trop fardées,
Qu'un plaisir fin n'a jamais déridées.
Ainsi pensait l'amusant du Cerceau :
Sage enjoué, vertueux sans rudesse ;
Des sages faux évitant la tristesse ;
Il badina sans s'écarter du beau,
Et sans jamais effrayer la sagesse :
Ainsi les traits de son heureux pinceau
Plairont toujours, et de races en races.

VIVANT.

Vivront gravés dans les fastes des Grâces;
Et les censeurs, obstinés à ternir
Son art chéri, par l'ennui pédantesque
D'un français fade, ou d'un latin tudesque,
Endormiront les siècles à venir.

ÉPITRES.

ÉPITRE PREMIÈRE.

LA CHARTREUSE.

A M. D. D. N.

Pourquoi de ma sage indolence
Interrompez-vous l'heureux cours ?
Soit raison, soit indifférence,
Dans une douce négligence,
Et loin des muses pour toujours,
J'allais racheter en silence
La perte de mes premiers jours ;
Transfuge des routes ingrates
De l'infructueux Hélicon,
Dans les retraites des Socrates
J'allais jouir de ma raison,
Et m'arracher, malgré moi-même,
Aux délicieuses erreurs
De cet art brillant et suprême
Qui, malgré ses attraits flatteurs,
Toujours peu sûr et peu tranquille,
Fait de ses plus chers amateurs

ÉPITRE I.

L'objet de la haine imbécille
Des pédans, des prudes, des sots,
Et la victime des cagots :
Mais votre épître enchanteresse,
Pour moi trop prodigue d'encens,
Des douces vapeurs du Permesse
Vient encore enivrer mes sens.
Vainement j'abjurais la rime,
L'haleine légère des vents
Emportait mes faibles sermens.
Aminte, votre goût ranime
Mes accords et ma liberté;
Entre Uranie et Terpsichore
Je reviens m'amuser encore
Au Pinde que j'avais quitté :
Tel, par sa pente naturelle,
Par une erreur toujours nouvelle,
Quoiqu'il semble changer son cours,
Autour de la flamme infidèle
Le papillon revient toujours.

 Vous voulez qu'en rimes légères
Je vous offre des traits sincères
Du gîte où je suis transplanté.
Mais comment faire, en vérité?
Entouré d'objets déplorables,
Pourrai-je de couleurs aimables
Egayer le sombre tableau
De mon domicile nouveau?
Y répandrai-je cette aisance,

ÉPITRE I.

Ces sentimens, ces traits diserts,
Et cette molle négligence
Qui, mieux que l'exacte cadence,
Embellit les aimables vers ?
Je ne suis plus dans ces bocages
Où, plein de riantes images,
J'aimai souvent à m'égarer ;
Je n'ai plus ces fleurs, ces ombrages,
Ni vous-même pour m'inspirer.
Quand, arraché de vos rivages
Par un destin trop rigoureux,
J'entrai dans ces manoirs sauvages;
Dieux! quel contraste douloureux !
Au premier aspect de ces lieux,
Pénétré d'une horreur secrète,
Mon cœur, subitement flétri,
Dans une surprise muette
Resta long-temps enseveli.
Quoi qu'il en soit, je vis encore;
Et, malgré vingt sujets divers
De regrets et de tristes airs,
Ne craignez point que je déplore
Mon infortune dans ces vers.
De l'assoupissante élégie
Je méprise trop les fadeurs ;
Phébus me plonge en léthargie
Dès qu'il fredonne des langueurs ;
Je cesse d'estimer Ovide
Quand il vient sur de faibles tons

LA CHARTREUSE.

Me chanter, pleureur insipide,
De longues lamentations :
Un esprit mâle et vraiment sage,
Dans le plus invincible ennui,
Dédaignant le triste avantage
De se faire plaindre d'autrui,
Dans une égalité hardie
Foule aux pieds la terre et le sort,
Et joint au mépris de la vie
Un égal mépris de la mort ;
Mais sans cette âpreté stoïque,
Vainqueur du chagrin léthargique,
Par un heureux tour de penser,
Je sais me faire un jeu comique
Des peines que je vais tracer.
Ainsi l'aimable poésie,
Qui dans le reste de la vie
Porte assez peu d'utilité,
De l'objet le moins agréable
Vient adoucir l'austérité,
Et nous sauve au moins par la fable
Des ennuis de la vérité.
C'est par cette vertu magique
Du télescope poétique
Que je retrouve encor les ris
Dans la lucarne infortunée
Où la bizarre destinée
Vient de m'enterrer à Paris.
 Sur cette montagne empestée

ÉPITRE I.

Où la foule toujours crottée
De prestolets provinciaux
Trotte sans cause et sans repos
Vers ces demeures odieuses
Où règnent les longs argumens
Et les harangues ennuyeuses,
Loin du séjour des agrémens ;
Enfin, pour fixer votre vue,
Dans cette pédantesque rue
Où trente faquins d'imprimeurs,
Avec un air de conséquence,
Donnent froidement audience
A cent faméliques auteurs,
Il est un édifice immense
Où dans un loisir studieux
Les doctes arts forment l'enfance
Des fils des héros et des dieux :
Là, du toit d'un cinquième étage
Qui domine avec avantage
Tout le climat grammairien,
S'élève un antre aérien,
Un astrologique ermitage,
Qui paraît mieux, dans le lointain,
Le nid de quelque oiseau sauvage
Que la retraite d'un humain.

 C'est pourtant de cette guérite,
C'est de ce céleste tombeau,
Que votre ami, nouveau stylite,
A la lueur d'un noir flambeau,

LA CHARTREUSE.

Penché sur un lit sans rideau,
Dans un déshabillé d'ermite,
Vous griffonne aujourd'hui sans fard,
Et peut-être sans trop de suite,
Ces vers enfilés au hasard :
Et tandis que pour vous je veille
Long-temps avant l'aube vermeille,
Empaqueté comme un Lapon,
Cinquante rats à mon oreille
Ronflent encore en faux-bourdon.
   Si ma chambre est ronde ou carrée,
C'est ce que je ne dirai pas ;
Tout ce que j'en sais, sans compas,
C'est que, depuis l'oblique entrée,
Dans cette cage resserrée
On peut former jusqu'à six pas ;
Une lucarne mal vitrée ;
Près d'une gouttière livrée
A d'interminables sabbats,
Où l'université des chats,
A minuit, en robe fourrée,
Vient tenir ses bruyans états,
Une table mi-démembrée,
Près du plus humble des grabats ;
Six brins de paille délabrée,
Tressés sur deux vieux échalas :
Voilà les meubles délicats
Dont ma chartreuse est décorée,
Et que les frères de Borée

Bouleversent avec fracas,
Lorsque sur ma niche éthérée
Ils préludent aux fiers combats
Qu'ils vont livrer sur vos climats,
Ou quand leur troupe conjurée
Y vient préparer ces frimas
Qui versent sur chaque contrée
Les catarrhes et le trépas.
Je n'outre rien; telle est en somme
La demeure où je vis en paix,
Concitoyen du peuple gnome,
Des sylphides et des follets:
Telles on nous peint les tannières
Où gisent, ainsi qu'au tombeau,
Les pythonisses, les sorcières,
Dans le donjon d'un vieux château;
Ou tel'est le sublime siége
D'où, flanqué des trente-deux vents,
L'auteur de l'almanach de Liége
Lorgne l'histoire du beau temps;
Et fabrique avec privilége
Ses astronomiques romans.

 Sur ce portrait abominable
On penserait qu'en lieu pareil
Il n'est point d'instant délectable
Que dans les heures du sommeil.
Pour moi, qui d'un poids équitable
Ai pesé des faibles mortels
Et les biens et les maux réels,

LA CHARTREUSE.

Qui sais qu'un bonheur véritable
Ne dépendit jamais des lieux,
Que le palais le plus pompeux
Souvent renferme un misérable,
Et qu'un désert peut être aimable
Pour quiconque sait être heureux ;
De ce Caucase inhabitable
Je me fais l'Olympe des dieux ;
Là, dans la liberté suprême,
Semant de fleurs tous mes instans,
Dans l'empire de l'hiver même
Je trouve les jours du printemps.
Calme heureux ! loisir solitaire !
Quand on jouit de ta douceur,
Quel antre n'a pas de quoi plaire ?
Quelle caverne est étrangère
Lorsqu'on y trouve le bonheur ?
Lorsqu'on y vit sans spectateur
Dans le silence littéraire,
Loin de tout importun jaseur,
Loin des froids discours du vulgaire,
Et des hauts tons de la grandeur ;
Loin de ces troupes doucereuses
Où d'insipides précieuses,
Et de petits fats ignorans,
Viennent, conduits par la Folie,
S'ennuyer en cérémonie,
Et s'endormir en complimens ;
Loin de ces plates coteries

ÉPITRE I.

Où l'on voit souvent réunies
L'ignorance en petit manteau,
La bigoterie en lunettes,
La minauderie en cornettes,
Et la réforme en grand chapeau ;
Loin de ce médisant infâme
Qui de l'imposture et du blâme
Est l'impur et bruyant écho ;
Loin de ces sots atrabilaires
Qui, cousus de petits mystères,
Ne nous parlent qu'*incognito ;*
Loin de ces ignobles Zoïles,
De ces enfileurs de dactyles,
Coiffés de phrases imbécilles
Et de classiques préjugés,
Et qui, de l'enveloppe épaisse
Des pédans de Rome et de Grèce
N'étant point encor dégagés,
Portent leur petite sentence
Sur la rime et sur les auteurs
Avec autant de connaissance
Qu'un aveugle en a des couleurs ;
Loin de ces voix acariâtres
Qui, dogmatisant sur des riens,
Apportent dans les entretiens
Le bruit des bancs opiniâtres,
Et la profonde déraison
De ces disputes soldatesques
Où l'on s'insulte à l'unisson

LA CHARTREUSE.

Pour des misères pédantesques,
Qui sont bien moins la vérité
Que les rêves creux et burlesques
De la crédule antiquité;
Loin de la gravité chinoise
De ce vieux druide empesé
Qui, sous un air symétrisé,
Parle à trois temps, rit à la toise,
Regarde d'un œil apprêté,
Et m'ennuie avec dignité;
Loin de tous ces faux cénobites
Qui, voués encor tout entiers
Aux vanités qu'ils ont proscrites,
Errant de quartiers en quartiers,
Vont, dans d'équivoques visites,
Porter leurs faces parasites,
Et le dégoût de leurs moutiers;
Loin de ces faussets du Parnasse,
Qui, pour avoir glapi par fois
Quelque épithalame à la glace
Dans un petit monde bourgeois,
Ne causent plus qu'en folles rimes,
Ne vous parlent que d'Apollon,
De Pégase, et de Cupidon,
Et telles fadeurs synonymes,
Ignorant que ce vieux jargon,
Relégué dans l'ombre des classes,
N'est plus aujourd'hui de saison
Chez la brillante fiction,

ÉPITRE I.

Que les tendres lyres des Grâces
Se montent sur un autre ton,
Et qu'enfin de la foule obscure
Qui rampe au marais d'Hélicon,
Pour sauver ses vers et son nom,
Il faut être sans imposture
L'interprète de la nature,
Et le peintre de la raison ;
Loin enfin, loin de la présence
De ces timides discoureurs
Qui, non guéris de l'ignorance
Dont on a pétri leur enfance,
Restent noyés dans mille erreurs,
Et damnent toute ame sensée
Qui, loin de la route tracée
Cherchant la persuasion,
Ose soustraire sa pensée
A l'aveugle prévention.
 A ces traits je pourrais, Aminte,
Ajouter encor d'autres mœurs ;
Mais sur cette légère empreinte
D'un peuple d'ennuyeux causeurs,
Dont j'ai nuancé les couleurs,
Jugez si toute solitude
Qui nous sauve de leurs vains bruits
N'est point l'asile et le pourpris
De l'entière béatitude ?
Que dis-je ! est-on seul, après tout,
Lorsque, touché des plaisirs sages,

LA CHARTREUSE.

On s'entretient dans les ouvrages
Des dieux de la lyre et du goût?
Par une illusion charmante,
Que produit la verve brillante
De ces chantres ingénieux,
Eux-mêmes s'offrent à mes yeux,
Non sous ces vêtemens funèbres,
Non sous ces dehors odieux
Qu'apportent du sein des ténèbres
Les fantômes des malheureux,
Quand, vengeurs des crimes célèbres,
Ils montent aux terrestres lieux,
Mais sous cette parure aisée,
Sous ces lauriers vainqueurs du sort,
Que les citoyens d'Élysée
Sauvent du souffle de la mort.
  Tantôt de l'azur d'un nuage
Plus brillant que les plus beaux jours,
Je vois sortir l'ombre volage
D'Anacréon, ce tendre sage,
Le Nestor du galant rivage,
Le patriarche des Amours.
Épris de son doux badinage,
Horace accourt à ses accens,
Horace, l'ami du bon sens,
Philosophe sans verbiage,
Et poète sans fade encens.
Autour de ces ombres aimables,
Couronnés de roses durables,

ÉPITRE I.

Chapelle, Chaulieu, Pavillon,
Et la naïve Deshoulières,
Viennent unir leurs voix légères,
Et font badiner la raison;
Tandis que le Tasse et Milton,
Pour eux des trompettes guerrières
Adoucissent le double ton.
Tantôt à ce folâtre groupe
Je vois succéder une troupe
De morts un peu plus sérieux,
Mais non moins charmans à mes yeux :
Je vois Saint-Réal et Montagne
Entre Sénèque et Lucien :
Saint-Évremond les accompagne;
Sur la recherche du vrai bien
Je le vois porter la lumière;
La Rochefoucauld, la Bruyère,
Viennent embellir l'entretien.
Bornant au doux fruit de leurs plumes
Ma bibliothèque et mes vœux,
Je laisse aux savantas poudreux
Ce vaste chaos de volumes
Dont l'erreur et les sots divers
Ont infatué l'univers,
Et qui, sous le nom de science,
Semés et reproduits partout,
Immortalisent l'ignorance,
Les mensonges, et le faux goût.
 C'est ainsi que, par la présence

De ces morts vainqueurs du destin,
On se console de l'absence,
De l'oubli même des humains.
A l'abri de leurs noirs orages,
Sur la cime de mon rocher,
Je vois à mes pieds les naufrages
Qu'ils vont imprudemment chercher.
Pourquoi dans leur foule importune
Voudriez-vous me rétablir ?
Leur estime ni leur fortune
Ne me causent point un desir.
Pourrais-je, en proie aux soins vulgaires,
Dans la commune illusion,
Offusquer mes propres lumières
Du bandeau de l'opinion ?
Irais-je, adulateur sordide,
Encenser un sot dans l'éclat,
Amuser un Crésus stupide,
Et monseigneuriser un fat ;
Sur des espérances frivoles
Adorer avec lâcheté
Ces chimériques fariboles
De grandeur et de dignité ;
Et, vil client de la fierté,
A de méprisables idoles
Prostituer la vérité ?
Irais-je, par d'indignes brigues,
M'ouvrir des palais fastueux,

ÉPITRE I.

Languir dans de folles fatigues,
Ramper à replis tortueux
Dans de puériles intrigues,
Sans oser être vertueux?
De la sublime poésie
Profanant l'aimable harmonie,
Irais-je, par de vains accens,
Chatouiller l'oreille engourdie
De cent ignares importans,
Dont l'ame massive, assoupie
Dans des organes impuissans,
Ou livrée aux fougues des sens,
Ignore les dons du génie,
Et les plaisirs des sentimens?
Irais-je pâlir sur la rime
Dans un siècle insensible aux arts,
Et de ce rien qu'on nomme estime
Affronter les nombreux hasards?
Et d'ailleurs, quand la poésie,
Sortant de la nuit du tombeau,
Reprendrait le sceptre et la vie
Sous quelque Richelieu nouveau,
Pourrais-je au char de l'immortelle
M'enchaîner encor plus long-temps?
Quand j'aurai passé mon printemps
Pourrai-je vivre encor pour elle?
Car enfin au lyrique essor,
Fait pour nos bouillantes années,

LA CHARTREUSE.

Dans de plus solides journées
Voudrais-je me livrer encor?
Persuadé que l'harmonie
Ne verse ses heureux présens
Que sur le matin de la vie,
Et que, sans un peu de folie,
On ne rime plus à trente ans?
Suivrais-je un jour à pas pesans
Ces vieilles muses douairières,
Ces mères septuagénaires
Du madrigal et des sonnets,
Qui, n'ayant été que poètes,
Rimaillent encore en lunettes,
Et meurent au bruit des sifflets?
Égaré dans le noir dédale
Où le fantôme de Thémis,
Couché sur la pourpre et les lis,
Penche la balance inégale,
Et tire d'une urne vénale
Des arrêts dictés par Cypris?
Irais-je, orateur mercenaire
Du faux et de la vérité,
Chargé d'une haine étrangère,
Vendre aux querelles du vulgaire
Ma voix et ma tranquillité,
Et dans l'antre de la chicane,
Aux lois d'un tribunal profane
Pliant la loi de l'Immortel,
Par une éloquence anglicane

Saper et le trône et l'autel?
Aux sentimens de la nature,
Aux plaisirs de la vérité,
Préférant le goût frelaté
Des plaisirs que fait l'imposture,
Ou qu'invente la vanité,
Voudrais-je partager ma vie
Entre les jeux de la folie
Et l'ennui de l'oisiveté,
Et trouver la mélancolie
Dans le sein de la volupté?
Non, non; avant que je m'enchaîne
Dans aucun de ces vils partis
Vos rivages verront la Seine
Revenir aux lieux d'où j'écris.

   Des mortels j'ai vu les chimères;
Sur leurs fortunes mensongères
J'ai vu régner la folle erreur;
J'ai vu mille peines cruelles
Sous un vain masque de bonheur,
Mille petitesses réelles
Sous une écorce de grandeur,
Mille lâchetés infidèles
Sous un coloris de candeur;
Et j'ai dit au fond de mon cœur:
Heureux qui dans la paix secrète
D'une libre et sûre retraite
Vit ignoré, content de peu,
Et qui ne se voit point sans cesse

LA CHARTREUSE.

Jouet de l'aveugle déesse,
Ou dupe de l'aveugle dieu!
  A la sombre misanthropie
Je ne dois point ces sentimens :
D'une fausse philosophie
Je hais les vains raisonnemens;
Et jamais la bigoterie
Ne décida mes jugemens.
Une indifférence suprême,
Voilà mon principe et ma loi;
Tout lieu, tout destin, tout système,
Par là devient égal pour moi.
Où je vois naître la journée,
Là, content, j'en attends la fin,
Prêt à partir le lendemain,
Si l'ordre de la destinée
Vient m'ouvrir un nouveau chemin.
Sans opposer un goût rebelle
A ce domaine souverain,
Je me suis fait du sort humain
Une peinture trop fidèle;
Souvent dans les champêtres lieux
Ce portrait frappera vos yeux.
En promenant vos rêveries
Dans le silence des prairies,
Vous voyez un faible rameau
Qui, par les jeux du vague Éole,
Enlevé de quelque arbrisseau,
Quitte sa tige, tombe, vole

ÉPITRE I.

Sur la surface d'un ruisseau ;
Là, par une invincible pente,
Forcé d'errer et de changer,
Il flotte au gré de l'onde errante
Et d'un mouvement étranger ;
Souvent il paraît, il surnage,
Souvent il est au fond des eaux ;
Il rencontre sur son passage
Tous les jours des pays nouveaux.
Tantôt un fertile rivage
Bordé de coteaux fortunés,
Tantôt une rive sauvage,
Et des déserts abandonnés :
Parmi ces erreurs continues
Il fuit, il vogue jusqu'au jour
Qui l'ensevelit à son tour
Au sein de ces mers inconnues
Où tout s'abyme sans retour.
   Mais qu'ai-je fait ? Pardon, Aminte,
Si je viens de moraliser ;
Dans une lettre sans contrainte
Je ne prétendais que causer.
Où sont, hélas ! ces douces heures
Où, dans vos aimables demeures,
Partageant vos discours charmans,
Je partageais vos sentimens ?
Dans ces solitudes riantes
Quand me verrai-je de retour ?
Courez, volez, heures trop lentes

LA CHARTREUSE.

Qui retardez cet heureux jour !
Oui, dès que les desirs aimables,
Joints aux souvenirs délectables,
M'emportent vers ce doux séjour,
Paris n'a plus rien qui me pique.
Dans ce jardin si magnifique,
Embelli par la main des rois,
Je regrette ce bois rustique
Où l'écho répétait nos voix ;
Sur ces rives tumultueuses
Où les passions fastueuses
Font régner le luxe et le bruit
Jusque dans l'ombre de la nuit,
Je regrette ce tendre asile
Où sous des feuillages secrets
Le sommeil repose tranquille
Dans les bras de l'aimable Paix ;
A l'aspect de ces eaux captives
Qu'en mille formes fugitives
L'art sait enchaîner dans les airs,
Je regrette cette onde pure
Qui, libre dans les autres verds,
Suit la pente de la nature,
Et ne connaît point d'autres fers ;
En admirant la mélodie
De ces voix, de ces sons parfaits,
Où le goût brillant d'Ausonie
Se mêle aux agrémens français,
Je regrette les chansonnettes

ÉPITRE I.

Et le son des simples musettes
Dont retentissent les coteaux,
Quand vos bergères fortunées,
Sur les soirs des belles journées,
Ramènent gaiement leurs troupeaux;
Dans ces palais où la mollesse,
Peinte par les mains de l'Amour
Sur une toile enchanteresse,
Offre les fastes de sa cour,
Je regrette ces jeunes hêtres
Où ma muse plus d'une fois
Grava les louanges champêtres
Des divinités de vos bois;
Parmi la foule trop habile
Des beaux diseurs du nouveau style,
Qui, par de bizarres détours,
Quittant le ton de la nature,
Répandent sur tous leurs discours
L'académique enluminure
Et le vernis des nouveaux tours,
Je regrette la bonhomie,
L'air loyal, l'esprit non pointu,
Et le patois tout ingénu
Du curé de la seigneurie,
Qui, n'usant point sa belle vie
Sur des écrits laborieux,
Parle comme nos bons aïeux,
Et donnerait, je le parie,
L'histoire, les héros, les dieux,

Et toute la mythologie,
Pour un quartaut de Condrieux.
   Ainsi de mes plaisirs d'automne
Je me remets l'enchantement;
Et, de la tardive Pomone
Rappelant le règne charmant,
Je me redis incessamment :
Dans ces solitudes riantes
Quand me verrai-je de retour ?
Courez, volez, heures trop lentes
Qui retardez cet heureux jour !
Claire fontaine, aimable Isore,
Rive où les Grâces font éclore
Des fleurs et des jeux éternels,
Près de ta source, avant l'aurore,
Quand reviendrai-je boire encore
L'oubli des soins et des mortels ?
Dans cette gracieuse attente,
Aminte, l'amitié constante
Entretenant mon souvenir,
Elle endort ma peine présente
Dans les songes de l'avenir.
Lorsque le dieu de la lumière,
Échappé des feux du lion,
Du dieu que couronne le lierre
Ouvrira l'aimable saison,
J'en jure le pélerinage :
Envolé de mon ermitage,
Je vous apparaîtrai soudain

ÉPITRE I.

Dans ce parc d'éternel ombrage,
Où souvent vous rêvez en sage,
Les lettres d'Usbeck à la main;
Ou bien dans ce vallon fertile
Où, cherchant un secret asile,
Et trouvant des périls nouveaux,
La perdrix, en vain fugitive,
Rappelle sa troupe craintive.
Que nous chassons sur les coteaux.
Vous me verrez toujours le même,
Mortel sans soin, ami sans fard,
Pensant par goût, rimant sans art,
Et vivant dans un calme extrême
Au gré du temps et du hasard.
Là, dans de charmantes parties,
D'humeurs liantes assorties,
Portant des esprits dégagés
De soucis et de préjugés,
Et retranchant de notre vie
Les façons, la cérémonie,
Et tout populaire fardeau,
Loin de l'humaine comédie,
Et comme en un monde nouveau,
Dans une charmante pratique
Nous réaliserons enfin
Cette petite république
Si long-temps projetée en vain.
  Une divinité commode,
L'Amitié, sans bruit, sans éclat

Fondera ce nouvel état;
La Franchise en fera le code;
Les Jeux en seront le sénat;
Et sur un tribunal de roses,
Siége de notre consulat,
L'Enjoûment jugera les causes.
On exclura de ce climat
Tout ce qui porte l'air d'étude:
La Raison, quittant son ton rude,
Prendra le ton du sentiment;
La Vertu n'y sera point prude;
L'Esprit n'y sera point pédant;
Le Savoir n'y sera mettable
Que sous les traits de l'Agrément:
Pourvu que l'on sache être aimable,
On y saura suffisamment:
On y proscrira l'étalage
Des phrasiers, des rhéteurs bouffis:
Rien n'y prendra le nom d'ouvrage;
Mais, sous le nom de badinage,
Il sera quelquefois permis
De rimer quelques chansonnettes,
Et d'embellir quelques sornettes
Du poétique coloris,
En répandant avec finesse,
Une nuance de sagesse
Jusque sur Bacchus et les Ris.
Par un arrêt en vaudevilles
On bannira les faux plaisans,

ÉPITRE I.

Les cagots fades et rampans,
Les complimenteurs imbécilles,
Et le peuple de froids savans.
Enfin cet heureux coin du monde
N'aura pour but dans ses statuts
Que de nous soustraire aux abus
Dont ce bon univers abonde.
Toujours sur ces lieux enchanteurs
Le soleil, levé sans nuages,
Fournira son cours sans orages,
Et se couchera dans les fleurs.
   Pour prévenir la décadence
Du nouvel établissement,
Nul indiscret, nul inconstant,
N'entrera dans la confidence :
Ce canton veut être inconnu.
Ses charmes, sa béatitude,
Pour base ayant la solitude,
S'il devient peuple, il est perdu.
Les états de la république
Chaque automne s'assembleront ;
Et là notre regret unique,
Nos uniques peines seront
De ne pouvoir toute l'année
Suivre cette loi fortunée
De philosophiques loisirs,
Jusqu'à ce moment où la Parque
Emporte dans la même barque
Nos jeux, nos cœurs et nos plaisirs.

ÉPITRE II.

LES OMBRES.

A M. D. D. N.

Des régions de Sylphirie,
De ce séjour aérien
Dont ma douce philosophie
Sait bannir la mélancolie
En rimant quelque aimable rien,
Salut, santé toujours fleurie,
Solitude, et libre entretien
A la république chérie
Dont une tendre rêverie
M'a déjà rendu citoyen.
   Dans votre épître ingénieuse
Vous prétendez que le pinceau
Qui vous a tracé la CHARTREUSE
N'en a pas fini le tableau,
Et vous m'engagez à décrire
D'un crayon léger et badin,
La carte du classique empire,
Et les mœurs du peuple latin.
   A la gaîté de nos maximes

ÉPITRE II.

Pour ajuster ce grave objet,
Et ne point porter dans mes rimes
La sécheresse du sujet,
Écartons la muse empesée
Qui, se guindant sur de grands mots,
Préside à la prose toisée
Des poètes collégiaux.
Je vous ai dépeint l'Elysée
Dans le plaisir pur et parfait
De mon ermitage secret :
Par un contraste assez bizarre,
Dans ce nouvel amusement,
Je vais vous chanter le Ténare,
Non sur un ton triste et pesant ;
Ennemi des muses plaintives,
Jusque sur les fatales rives
Je veux rimer en badinant.

Un peuple de jeunes esclaves
Dans un silence rigoureux,
Des pleurs, des prisons, des entraves,
Un séjour vaste et ténébreux,
Des cœurs dévoués à la plainte,
Des jours filés par les ennuis,
N'est-ce point la fidèle empreinte
Du triste royaume des nuits ?
N'en doutez point, ce que la fable
Nous a chanté des sombres bords,
Cette peinture redoutable
Du profond empire des morts,

LES OMBRES.

C'était l'image prophétique
Des manoirs que j'offre à vos yeux.
Et l'histoire trop véridique
De leurs habitans malheureux.
Avec l'Érèbe et son cortége
Confrontez ces antres divers ;
Et dans le portrait d'un collége
Vous reconnaîtrez les enfers.
Tel était le vrai parallèle
Que dans cette dernière nuit
Un songe offrait à mon esprit :
Aminte, je me le rappelle ;
Dans ce délire réfléchi
Je croyais vous conduire ici ;
Et, si ma mémoire est fidèle,
Je vous entretenais ainsi :
Venez, de la docte poussière
Osez franchir les tourbillons ;
Perçons l'infernale carrière
Des scolastiques régions.
Là, comme aux sources du Cocyte,
On ne connaît plus les beaux jours ;
Sur cette demeure proscrite
La nuit semble régner toujours,
Là de la charmante nature
On ne trouve plus les beautés ;
Les eaux, les fleurs, ni la verdure,
N'ornent point ces lieux détestés ;
Les seuls oiseaux d'affreux augure

Y forment des sons redoutés.
Dès l'abord de ce gouffre horrible
Tout nous retrace l'Achéron.
Voyez ce portier inflexible,
Qui, payé pour être terrible,
Et muni d'un cœur de Huron,
Réunit dans son caractère
La triple rigueur de Cerbère
Et l'ame avare de Caron :
Ainsi que ces ombres légères
Qui pour leurs demeures premières
Formaient des regrets et des vœux,
Les jeunes captifs de ces lieux
Voltigent auprès des barrières,
Sans pouvoir échapper aux yeux
De ce satellite odieux.

   Entrons sous ces voûtes antiques
Et sous les lugubres portiques
De ces tribunaux renommés :
Au lieu de ces voiles funèbres
Qui de l'empire des ténèbres
Tapissaient les murs enfumés,
D'une longue suite de thèses
Contemplez les vils monumens,
Archives de doctes fadaises,
Supplice éternel du bon sens.
A la place des Tisiphones,
Des Sphinx, des Larves, des Gorgones,
Qui du Styx étaient les bourreaux,

LES OMBRES.

J'aperçois des tyrans nouveaux,
L'hyperbole aux longues échasses,
La catachrèse aux doubles faces,
Les logogriphes effrayans,
L'impitoyable syllogisme,
Que suit les ténébreux sophisme,
Avec les ennuis dévorans.
Quelle inexorable Mégère
Ici rassemble avant le temps
Ces mânes jeunes et tremblans,
Et ravis au sein de leur mère !
Sur leurs déplorables destins,
Dans des lieux voués au silence,
Voyez de pâles souverains
Exercer leur triste puissance ;
Un sceptre noir arme leurs mains :
Ainsi Rhadamante aux traits sombres,
Balançant l'urne de la mort,
Sur le peuple muet des ombres
Prononçait les arrêts du sort.
Mais quelles alarmes soudaines !
D'où partent ces longues clameurs ?
Pourquoi ces prisons et ces chaînes ?
Sur qui tombent ces fouets vengeurs ?
Tel était l'appareil barbare
Des tortures du Phlégéton ;
Tels étaient les cris du Tartare
Sous la fourche du vieux Pluton.
Près de ces cavernes fatales

ÉPITRE II.

Quels sont ces brûlans soupiraux ?
Que vois-je ! quels nouveaux Tantales
Maudissent ces perfides eaux ?
 De ce parallèle grotesque
Moitié vrai, moitié romanesque,
Aminte, pour vous égayer,
J'aurais rempli le cadre entier,
Si, dans cet endroit de mon songe,
Un cruel, osant m'éveiller,
N'eût dissipé ce doux mensonge,
Et le prestige officieux
Qui vous présentait à mes yeux :
Ce hideux bourreau, moins un homme
Qu'un patibulaire fantôme,
Tel qu'on les peint en noirs lambeaux,
Et, dans l'horreur du crépuscule,
Tenant leur conciliabule
Parmi la cendre des tombeaux ;
Ce spectre, dis-je, au front sinistre,
Du tumulte bruyant ministre,
Affublé de l'accoutrement
D'un précurseur d'enterrement,
Bien avant l'aube matinale,
Chaque jour troublant mon réduit,
Armé d'une lampe infernale,
M'offre un jour plus noir que la nuit,
Et, d'une bouche sépulcrale,
M'annonce que l'heure fatale
Ramène le démon du bruit.

LES OMBRES.

Par cet arrêt impitoyable
Arraché du sein délectable
Et des songes et du repos,
L'œil encor chargé de pavots,
Aux cieux je cherche en vain l'aurore;
Un voile épais couvre les airs,
Et Phébus n'est point prêt encore
A quitter les nymphes des mers.
 Astre qui réglas ma naissance,
Pourquoi ta suprême puissance,
En formant mes goûts et mon cœur,
Y versa-t-elle tant d'horreur
Pour la monacale indolence ?
Plus respecté dans mon sommeil,
Exempt des craintes du réveil,
J'eusse les deux tiers de ma vie
Dormi sans trouble, sans envie,
Dans un dortoir de victorin,
Ou sur la couche rebondie
D'un procureur génovéfin.
Il est vrai qu'un peu d'ignorance
Eût suivi ce destin flatteur.
Qu'importe ? le nom de docteur
N'eût jamais tenté ma prudence;
Jamais d'un sommeil enchanteur
Il n'eût violé la constance.
Une éternité de science
Vaut-elle une nuit de bonheur ?
 Par votre missive charmante

ÉPITRE II.

Vous me chargez de vous donner
Quelque nouvelle intéressante,
Ou quelque anecdote amusante.
Mais que puis-je vous griffonner ?
Les politiques rêveries
Des vieux chapiers des Tuileries
Intéressent fort peu mes soins,
Vous amuseraient encor moins ;
Et d'ailleurs, selon le génie
De notre aimable colonie,
Je ne dois point perdre d'instans,
Ni prendre une peine futile
A disserter en grave style
Sur les bagatelles du temps :
Qu'on fasse la paix ou la guerre,
Que tout soit changé sur la terre
Nos citoyens l'ignoreront ;
Exempts de soucis inutiles,
Dans cet univers ils vivront
Comme des passagers tranquilles
Qui, dans la chambre d'un vaisseau,
Oubliant la terre, l'orage,
Et le reste de l'équipage,
Tâchent d'égayer le voyage
Dans un plaisir toujours nouveau ;
Sans savoir comme va la flotte
Qui vogue avec eux sur les eaux,
Ils laissent la crainte au pilote,
Et la manœuvre aux matelots.

LES OMBRES.

A tout le petit consistoire,
Où ne sont échos imprudens,
Rendez cette lettre notoire,
Aimable Aminte, j'y consens ;
Mais sauvez-la des jugemens
De cette prude à l'humeur noire,
Au froid caquet, aux yeux bigots,
Et de médisante mémoire,
Qui, colportant ces vers nouveaux,
Sur-le-champ irait sans repos,
Dressant la crête et battant l'aile,
Glapir quelque alarme nouvelle
Dans tous les poulaillers dévots,
Ou qui, pour parler sans emblême,
Dans quelque parloir médisant
Irait afficher l'anathême
Contre un badinage innocent,
Et le noircir avec scandale
De ce fiel mystique et couvert
Que vient de verser la cabale
Sur l'histoire de dom Ver-Vert,
Faite en cette critique année
Où le perroquet révérend
Alla jaser publiquement,
Entraîné par sa destinée,
Et ravi, je ne sais comment,
Au secret de son maître absent.
Selon la gazette neustrique,
Cet amusement poétique,

ÉPITRE II.

Surpris, intercepté, transcrit
Sur je ne sais quel manuscrit
Par un prestolet famélique,
Se vend à l'insu de l'auteur
Par ce petit-collet profane,
Et déjà vaut une soutane
Et deux castors à l'éditeur.

Si ma main n'était pas trop lasse,
Ce serait bien ici la place
D'ajouter un tome nouveau
Aux mémoires du saint oiseau ;
De narrer comme quoi la pièce,
Portée au sortir de la presse
Au parlement visitandin,
Causa dans leurs saintes brigades
Une ligue, des barricades,
Et sonna partout le tocsin ;
Comme quoi les mères notables,
L'état-major, les vénérables,
Voulaient, dans leur premier accès,
Sans autre forme de procès,
Brûler ces vers abominables,
Comme erronés, comme exécrables,
Jansénistes, impardonnables,
Et notoirement imposteurs ;
Mais comme quoi des jeunes sœurs
La jurisprudence plus tendre
A jusqu'ici paré les coups,
Ravi Ver-Vert à ce courroux,

LES OMBRES.

Et sauvé l'honneur de sa cendre.
Suivant le lardon médisant
Les jeunes sœurs d'un œil content
Ont vu draper les graves mères,
Les révérendes douairières,
Et la grand'chambre du couvent.
Une nonne sempiternelle
Prétend prouver à tout fidèle
Que jamais Ver-Vert n'exista,
Vu, dit-elle, qu'on ne pourra
Trouver la lettre circulaire
Du perroquet missionnaire
Parmi celles de ce temps-là.
Je crois que la remarque habile
De la cloîtrière sibylle,
(N'en déplaise à sa charité)
Sera de peu d'utilité;
Car dès que Ver-Vert est cité
Dans les archives du Parnasse,
Quel incrédule aurait l'audace
D'en soupçonner la vérité?
Toutefois ce procès mystique
Au carnaval se jugera;
Dans un chapitre œcuménique
L'oiseau défendeur paraîtra.
La vieille mère Bibiane
Contre lui doit plaider long-temps,
Et, dans le fort des argumens
Que hurlera son rauque organe

Perdra ses deux dernières dents,
Mais la jeune sœur Pulchérie,
Qui pour Ver-Vert pérorera,
(Si dans ce jour, comme on publie,
Les directeurs opinent-là)
Très-sûrement l'emportera
Sur l'octogénaire harpie.
A plaider contre le printemps
L'hiver doit perdre avec dépens.

Adieu. Voilà trop de folies :
Trop paresseux pour abréger,
Trop occupé pour corriger,
Je vous livre mes rêveries,
Que quelques vérités hardies
Viennent librement mélanger;
J'abandonne l'exactitude
Aux gens qui riment par métier.
D'autres font des vers par étude;
J'en fais pour me désennuyer :
Ainsi vous ne devez me lire
Qu'avec les yeux de l'amitié.
J'aurais encor beaucoup à dire :
L'esprit n'est jamais las d'écrire
Lorsque le cœur est de moitié.

ÉPITRE III.

A MA MUSE.

ENVOI A MADAME ***.

Sur le sage emploi de la vie
Une aimable philosophie
A trop éclairé votre cœur
Pour qu'il puisse me faire un crime
De n'accorder point à la rime
Des jours que je dois au bonheur.
Je ne m'en défends point, Thémire,
La paresse est ma déité ;
Aux sons négligés de ma lyre
Vous sentirez qu'elle m'inspire,
Et que, d'un chant trop concerté
Fuyant l'ennuyeuse beauté,
Loin de faire un travail d'écrire,
Je m'en fais une volupté ;
Moins délicatement flatté
De l'honneur de me faire lire,
Que de l'agrément de m'instruire
Dans une oisive liberté.
On ne doit écrire qu'en maître ;

ÉPITRE III.

Il en coûte trop au bonheur,
Le titre trop chéri d'auteur
Ne vaut pas la peine de l'être;
Aussi n'est-ce point sous ce nom,
Si peu fait pour mon caractère,
Que je rentre au sacré vallon,
Moi qui ne suis qu'en volontaire
Les drapeaux brillans d'Apollon.
 La muse qui dicta les rimes
Que je vais offrir à vos yeux,
N'est point de ces muses sublimes
Qui pour amans veulent des dieux;
Elle n'a point les grâces fières
Dont brillent ces nymphes altières
Qui divinisent les guerriers :
La négligence suit ses traces,
Ses tendres erreurs font ses grâces,
Et les roses sont ses lauriers.
Ici sur le ton des préfaces,
Et des pesantes dédicaces,
Thémire, je ne prétends pas
Vous implorer pour mes ouvrages.
Par vous le goût et les appas
Me gagneraient mille suffrages;
Mais en faut-il tant à mes vers?
Mes amis me sont l'univers.

A MA MUSE.

Volage Muse, aimable enchanteresse,
Qui, m'égarant dans de douces erreurs,
Viens tour à tour parsemer ma jeunesse
De jeux, d'ennuis, d'épines, et de fleurs;
Si dans ce jour de loisible mollesse
Tu peux quitter les paisibles douceurs,
Vole en ces lieux; la voix de la Sagesse
M'appelle ici loin du bruyant Permesse,
Loin du vulgaire et des folles rumeurs;
Parais sans crainte aux yeux d'une déesse
Qui règle seule et ma lyre et mes mœurs :
Car ce n'est point cette pédante altière
Dont la vertu n'est qu'une morgue fière,
Un faux honneur guindé sur de vieux mots,
L'horreur du sage et l'idole des sots;
C'est cette nymphe au tendre caractère,
Née au portique, et formée à Cythère,
Qui, dédaignant l'orgueil des vains discours,
Brille sans fard, et rassemble près d'elle
La Vérité, la Franchise fidèle,
Et la Vertu dans le char des Amours.

 C'est à ses yeux, au poids de sa balance,
Muse, qu'ici, dans le sein du silence,
De l'art des vers estimant la valeur,
Je veux sur lui te dévoiler mon cœur.
Mais en ce jour quelle pompe s'apprête ?
Le front paré des myrtes de Vénus,
Où voles-tu ? quelle brillante fête

ÉPITRE III.

Peut t'inspirer ces transports inconnus ?
Sur mes destins tu t'applaudis sans doute.
Mais instruis-moi : pourquoi triomphes-tu ?
Comptes-tu donc qu'à moi-même rendu,
Au Pinde seul je vais tourner ma route,
Ou qu'affranchi des liens rigoureux
Qui captivaient ton enjoûment folâtre,
Je vais enfin, de toi seule idolâtre,
Donner l'essor aux fougues de tes jeux ?
Si ce projet fait l'espoir qui t'enchante,
C'est t'endormir dans une vaine attente :
Sous d'autres lois mon sort se voit rangé ;
Avec mon sort mon cœur n'a point changé.
Je veux pourtant que la métamorphose
Ait transformé ma raison et mes sens ;
Et pour un temps avec toi je suppose
Que consacrant ma voix à tes accens,
J'aille t'offrir un éternel encens.
Adorateur d'un fantôme frivole,
A tes autels que pourrais-je obtenir ?
Que ferais-tu, capricieuse idole ?
Par le passé décidons l'avenir :
Comme tes sœurs, tu paierais mes hommages
Du doux espoir des dons les plus chéris.
Tes sœurs ! que dis-je ? hélas ! quels avantages
En ont reçu leurs plus chers favoris ?
Vaines beautés, sirènes homicides,
Dans tous les temps, par leurs accords perfides
N'ont-elles point égaré les vaisseaux

A MA MUSE.

De leurs amans endormis sur les eaux ?
Ouvre à mes yeux les fastes de mémoire,
Ces monumens de disgrâce et de gloire :
Je lis le nom des poètes fameux ;
Où sont les noms des poètes heureux ?
Enfans des dieux, pourquoi leur destinée
Est-elle en proie aux tyrans infernaux ?
Pour eux la Parque est-elle condamnée
A ne filer que sur de noirs fuseaux ?
Quoi ! je les vois, victimes du génie,
Au faible prix d'un éclat passager
Vivre isolés, sans jouir de la vie,
Fuir l'univers, et mourir sans patrie,
Non moins errans que ce peuple léger
Semé partout, et partout étranger !

De ces malheurs les cygnes de la Seine
N'ont-ils point eu des gages trop certains ?
Et pour trouver ces lugubres destins
Faut-il errer dans les tombeaux d'Athène,
Ou réveiller la cendre des Latins ?
Faut-il d'Orphée, ou d'Ovide, ou du Tasse,
Interroger les mânes radieux,
Et reprocher leur bizarre disgrâce
Au fier caprice et des rois et des dieux ?
Non, n'ouvrons point d'étrangères archives ;
Notre Hélicon, trop long-temps désolé,
Ne voit-il pas ses grâces fugitives ?
Oui, chaque jour la Muse de nos rives,
Pleurant encor son Horace exilé,

ÉPITRE III.

Demande aux dieux que ce phénix lyrique,
Dont la jeunesse illustra ces climats,
Revienne enfin de la rive belgique
Se reproduire et renaître en ses bras.
   Voilà pourtant, Muse, voilà l'histoire
Des dons fameux qu'ont procurés tes sœurs,
Vingt ans d'ennuis pour quelques jours de gloire.
Et j'envîrais tes trompeuses faveurs !
J'en conviendrai, de ces dieux du Permesse
N'atteignant point les talens enchanteurs,
Et défendu par ma propre faiblesse,
Je n'aurais pas à craindre leurs malheurs.
Eh ! que sait-on ? un simple badinage
Mal entendu d'une prude ou d'un sot,
Peut vous jeter sur un autre rivage,
Pour perdre un sage il ne faut qu'un bigot.
   Cependant, Muse, à quelle folle ivresse
Veux-tu livrer mon tranquille enjoûment ?
Toujours fidèle à l'aimable paresse,
Et ne voulant qu'un travail d'agrément,
Jusqu'à ce jour tu chérissais la rime
Moins par fureur que par amusement ;
Quel feu subit te transporte, t'abime,
Et d'un plaisir va te faire un tourment ?
Hélas ! je vois par quel charme séduite
Tu veux franchir la carrière des airs :
De mille objets la nouveauté t'invite ;
Et leur image autrefois interdite
A ton pinceau dans les jours de tes fers,

A MA MUSE.

Vient aujourd'hui te demander des vers :
Rendue enfin à la scène du monde,
Tu crois sortir d'une éclipse profonde,
Et voir éclore un nouvel univers ;
Autour de toi mille sources nouvelles
A chaque instant jaillissent jusqu'aux cieux ;
Pour t'enlever sur leurs brillantes ailes
Tous les plaisirs voltigent à tes yeux ;
Pour t'égarer, le dieu du docte empire
T'ouvre des bois nouveaux à tes regards,
Et fait pour toi briller de toutes parts
Le brodequin, le cothurne, la lyre,
Le luth d'Euterpe, et le clairon de Mars.
Un autre dieu, plus charmant et plus tendre,
Jusqu'à ce jour absent de tes chansons,
Sous mille attraits caché pour te surprendre,
Prétend mêler des soupirs à tes sons.
De tant d'objets la pompe réunie
A chaque instant redouble ta manie;
Et tu voudrais, dans tes nouveaux transports,
Sur vingt sujets essayer tes accords ?
Tel dans nos champs, au lever de l'aurore,
Prenant son vol pour la première fois,
Charmé, surpris, entre Pomone et Flore
Le jeune oiseau ne peut fixer son choix ;
De la fougère à l'épine fleurie
Il va porter ses desirs inconstans ;
Il vole au bois, il est dans la prairie ;
Il est partout dans les mêmes instans.

ÉPITRE III.

C'en est donc fait, Muse, dans la carrière
Tu prétends voir ton char bientôt lancé :
Du moins, avant qu'on t'ouvre la barrière,
Pour prévenir un écart insensé,
Va consulter la sage Deshoulière,
Et vois les traits dont sa muse en courroux
De l'art des vers nous a peint les dégoûts.
Quand tu serais à l'abri des disgrâces
Que le génie entraîne sur ses traces,
Craindrais-tu moins le bizarre fracas
Qui d'Apollon accompagne les pas,
Du nom d'auteur l'ennuyeux étalage,
D'auteur montré le fade personnage :
Que sais-je enfin ? tous les soins, tout l'ennui,
Qu'un vain talent nous apporte avec lui ?
 Dès qu'un mortel, auteur involontaire,
Est arraché de l'ombre du mystère,
Où, s'amusant et charmant sa langueur,
Dans quelques vers il dépeignait son cœur ;
Du goût public honorable victime,
Bientôt, au prix de sa tranquillité,
Il va payer une inutile estime,
Et regretter sa douce obscurité :
Privé du droit d'écrire en solitaire,
Et d'épancher son cœur, son caractère,
Toute son ame aux yeux de l'amitié,
L'amitié même indiscrète et légère,
Le trahira sans croire lui déplaire;
Et son secret, follement publié,

A MA MUSE.

S'il est en vers, sera sacrifié.
Ainsi les fruits d'un léger badinage,
Nés sans prétendre au grave nom d'ouvrage,
Nés pour mourir dans un cercle d'amis,
Au fier censeur seront pourtant soumis.
  Si par hasard il trouve, comme Horace,
Quelque Mécène ou quelque tendre Grâce,
Tels que l'on voit, aux rives où j'écris,
Daphnis, Thémire, et la jeune Eucharis,
Qui cherchent moins dans la philosophie
L'esprit d'auteur que l'esprit de la vie,
Qu'un sage aisé, qui, naturel, égal,
Sache éviter le style théâtral,
Les airs guindés du peuple parasite
Des froids pédans, des fades rimailleurs,
Et dont les vers soient le dernier mérite,
Que de dégoûts l'investiront ailleurs!
Dans tous les lieux où l'errante fortune
L'entraînera sous ses pénibles fers,
Il essuiera la contrainte importune
De l'entretien de mille sots divers,
Qui, prévenus de cette erreur commune
Que quand on rime on ne sait que des vers,
A son abord prendront cet idiôme,
Ce précieux, trop en vogue aujourd'hui;
Et de l'auteur ne distinguant pas l'homme,
En l'ennuyant, s'ennuieront avec lui.
  Tels sont les maux où cet essor t'engage :
Mais l'amour-propre, opposant son bandeau,

De l'avenir te dérobe l'image,
Ou sait du moins ne le peindre qu'en beau :
Trompeur chéri, t'abusant pour te plaire,
Il te redit, dans tes nouveaux accès,
Qu'on a daigné sourire à tes essais,
Et qu'un public, distingué du vulgaire
T'appelle encore à de plus hauts succès.
Mais connais-tu ce public variable,
Vain dans ses dons, constant dans ses dégoûts ?
En deux printemps de ce juge peu stable
On peut se voir et l'idole et la fable :
Le nom de ceux qu'il voit d'un œil plus doux,
A peine écrit sur la mobile arène
Par les zéphyrs de l'heureuse Hippocrène,
Est effacé par Éole en courroux;
Et quand les fleurs dont le public vous pare
Conserveraient un éternel printemps,
Chez la Faveur, sa déesse bizarre,
Est-il des dons et des plaisirs constans ?

 Au sein des mers, dans une île enchantée,
Près du séjour de l'inconstant Protée,
Il est un temple élevé par l'Erreur,
Où la brillante et volage Faveur,
Semant au loin l'espoir et les mensonges,
D'un air distrait fait le sort des mortels;
Son faible trône est sur l'aile des Songes,
Les vents légers soutiennent ses autels :
Là rarement la raison, la Justice,
Ont amené les mortels vertueux;

A MA MUSE.

L'Opinion, la Mode, et le Caprice,
Ouvrent le temple et nomment les heureux.
En leur offrant la coupe délectable,
Sous le nectar cachant un noir poison,
La déité daigne paraître aimable
Et d'un sourire enivre leur raison.
Au même instant l'agile renommée
Grave leur nom sur son char lumineux :
Jouets constans d'une vaine fumée,
Le monde entier se réveille pour eux;
Mais, sur la foi de l'onde pacifique
A peine ils sont mollement endormis,
Déifiés par l'erreur léthargique
Qui leur fait voir dans des songes amis
Tout l'univers à la gloire soumis,
Dans ce sommeil d'une ivresse riante,
En un moment la Faveur inconstante,
Tournant ailleurs son essor incertain,
Dans des déserts, loin de l'île charmante,
Les aquilons les emportent soudain;
Et leur réveil n'offre plus à leur vue
Que les rochers d'une plage inconnue,
Qu'un monde obscur, sans printemps, sans beaux jours,
Et que des cieux éclipsés pour toujours.

Muse, crois-moi, qu'un autre sacrifie
A la Faveur, à l'Estime, au Renom,
Qu'un autre perde au temple d'Apollon
Ce peu d'instans qu'on appelle la vie,
D'un vain honneur esclave fastueux,

ÉPITRE III.

Toujours auteur, et jamais homme heureux ;
Moi, que le ciel fit naître moins sensible
A tout éclat qu'à tout bonheur paisible,
Je fuis du nom le dangereux lien ;
Et quelques vers échappés à ma veine,
Nés sans dessein et façonnés sans peine,
Pour l'avenir ne m'engagent à rien.
Plusieurs des fleurs que voit naître Pomone
Au sein fécond des vergers renaissans
Ne doivent point un tribut à l'Automne ;
Tout leur destin est de plaire au Printemps.
 Ici pourtant de ma philosophie
Ne va point, Muse, outrer le sentiment ;
Ne pense pas que de la poésie
J'aille abjurer l'empire trop charmant ;
J'en fuis les soins, j'en crains la frénésie ;
Mais j'en adore à jamais l'agrément.
Ainsi conduit, ou par mes rêveries,
Ou par Bacchus, ou par d'autres appas,
Quand quelquefois je porterai mes pas
Où le Permesse épand ses eaux chéries,
Dans ces momens mes vœux ne seront pas,
D'être enlevé dans un char de lumière
Sur ces sommets où la Muse guerrière
Qui chante aux dieux les fastes des combats,
La foudre en main, enseigna ses mystères
Aux Camoëns, aux Miltons, aux Voltaires :
Jaloux de voir un plus paisible lieu,
Loin du tonnerre, et guidé par un dieu,

A MA MUSE.

Dans les détours d'un amoureux bocage
J'irai chercher ce solitaire ombrage,
Ce beau vallon où La Fare et Chaulieu,
Dans les transports d'une volupté pure,
Sans préjugés, sans fastueux desirs,
Près de Vénus, sur un lit de verdure,
Venaient puiser au sein de la nature
Ces vers aisés, enfans de leurs plaisirs;
Et sans effroi du ténébreux monarque,
Menant l'Amour jusqu'au sombre Achéron,
Au son du luth descendait vers la barque
Par les sentiers du tendre Anacréon.
   Là, si je puis reconnaître leurs traces,
Et retrouver ce naïf agrément,
Ce ton du cœur, ce négligé charmant
Qui les rendit les poètes des Grâces;
Du myrte seul chérissant les douceurs,
Des vains lauriers que Phébus vous dispense,
Et qu'il vous ôte au gré de l'inconstance,
Je céderai les pénibles honneurs.
   Trop insensé qui, séduit par la gloire,
Martyr constant d'un talent suborneur,
Se fait d'écrire un ennuyeux bonheur,
Et, s'immolant au soin de la mémoire,
Perd le présent pour l'avenir trompeur!
Tout cet éclat d'une gloire suprême,
Et tout l'encens de la postérité,
Vaut-il l'instant où je vis pour moi-même
Dans mes plaisirs et dans ma liberté,

ÉPITRE III.

Trouvant sans cesse auprès de ce que j'aime
Des biens plus vrais que l'immortalité ?
Non, n'allons point dans de lugubres veilles
De nos beaux jours éteindre les crayons,
Pour enfanter de douteuses merveilles.
Tandis, hélas! que l'on tient les rayons,
Le printemps fuit, d'une main toujours prompte
La Parque file, et dans la nuit du temps
Ensevelit une foule d'instans
Dont le plaisir vient nous demander compte.
Qu'un dieu si cher remplisse tous nos jours ;
Et badinons seulement sur la lyre,
Quand la Beauté, dans un tendre délire,
Ordonnera des chansons aux Amours.

Mais, quelque rang que le sort me réserve,
Soit que je suive ou Thalie ou Minerve,
Écoute, Muse, et connais à quel prix
Je souffrirai que quelquefois ta verve
Vienne allier la rime à mes écrits.

Pour te guider vers la double colline,
De ces sentiers préviens-tu les hasards?
L'illusion, fascinant tes regards,
Peut t'égarer sur la route voisine,
Et t'entraîner dans de honteux écarts:
Connais ces lieux. Dans de plus heureux âges
Vers le Parnasse on marchait sans danger ;
Nul monstre affreux n'infestait les passages;
C'était l'Olympe et le temple des sages;
Là, sur la lyre ou les pipeaux légers,

A MA MUSE.

De Philomèle égalant les ramages,
Ils alliaient par de doux assemblages
L'esprit des dieux et les mœurs des bergers;
Connaissant peu la basse jalousie,
De la licence ennemis généreux,
Ils ne mêlaient aucun fiel dangereux,
Aucun poison, à la pure ambroisie;
Et les zéphyrs de ces brillans coteaux,
Accoutumés au doux son des guitares,
Par des accords infâmes ou barbares
N'avaient jamais réveillé les échos:
Quand, évoqués par le Crime et l'Envie,
Du fond du Styx deux spectres abhorrés,
L'Obscénité, la noire Calomnie,
Osant entrer dans ces lieux révérés,
Vinrent tenter des accens ignorés.
Au même instant les lauriers se flétrirent,
Et les amours et les nymphes s'enfuirent.
Bientôt Phébus, outré de ces revers,
Au bas du mont de la docte Aonie
Précipitant ces filles des enfers,
Les replongea dans leur ignominie,
Et pour toujours instruisit l'univers
Que la Vertu, reine de l'harmonie,
A la décence, aux grâces réunie,
Seule a le droit d'enfanter de beaux vers.
  Pour rétablir leur attente trompée,
Non loin de là leur adroite fureur,
Sur les débris d'une roche escarpée,

ÉPITRE III.

Édifia, dans l'ombre et dans l'horreur,
Du vrai Parnasse un fantôme imposteur:
Là, pour grossir leurs profanes cabales,
Des chastes sœurs ces impures rivales,
L'encens en main, reçurent les rimeurs
Proscrits, exclus du temple des auteurs.
Ainsi, jaloux des abeilles fécondes,
Et du nectar que leurs soins ont formé,
Le vil frelon sur des plantes immondes
Verse sans force un suc envenimé.
C'est là qu'encor cent obscurs satiriques,
Cent artisans de fadaises lubriques,
Par la débauche ou la haine conduits,
Dans le secret des plus sombres réduits,
Vont, sans témoins, forger ces folles rimes,
Ces vers grossiers, ces monstres anonymes,
Tout ce fatras de libelles pervers
Dont le Batave infecte l'univers.
 O du génie usage trop funeste!
Pourquoi faut-il que ce don précieux,
Que l'art charmant, le langage céleste,
Fait pour chanter sur des tons gracieux
Les conquérans, les belles, et les dieux,
Chez une foule au Parnasse étrangère,
Soit si souvent le jargon de Mégère,
L'organe impur des plus lâches noirceurs,
L'ame du crime, et la honte des mœurs!
Pourquoi faut-il que les pleurs de l'aurore,
Qui ne devraient enfanter que des fleurs,

A MA MUSE.

Au même instant fassent souvent éclore
Les sucs mortels et les poisons vengeurs !
Muse, je sais que tu fuiras sans peine
Les chants honteux de la Licence obscène :
Faite à chanter sans rougir de tes sons,
Tu n'iras point chez cette infâme reine
Prostituer tes naïves chansons.
Mais de tout temps, un peu trop prompte à rire,
Ton goût peut-être, en quelques noirs accès,
T'attacherait au char de la Satire.
Ah ! loin de toi ces cyniques excès !
Quelles douceurs en suivent les succès,
Si, quand l'ouvrage a le sceau de l'estime,
L'auteur flétri, fugitif, détesté,
Devient l'horreur de la société ?
Je veux qu'épris d'un nom plus légitime,
Que, non content de se voir estimé,
Par son génie un amant de la rime
Emporte encor le plaisir d'être aimé ;
Qu'aux régions à lui-même inconnues
Où voleront ses gracieux écrits,
A ce tableau de ses mœurs ingénues,
Tous ses lecteurs deviennent ses amis ;
Que, dissipant le préjugé vulgaire,
Il montre enfin que sans crime on peut plaire,
Et réunir, par un heureux lien,
L'auteur charmant et le vrai citoyen.
En vain, guidé par un fougueux délire,
Le Juvénal du siècle de Louis

Fit un talent du crime de médire,
Mes yeux jamais n'en furent éblouis;
Ce n'est point là que ma raison l'admire :
Et Despréaux, ce chantre harmonieux,
Sur les autels du poétique empire
Ne serait point au nombre de mes dieux,
Si, de l'opprobre organe impitoyable,
Toujours couvert d'une gloire coupable,
Il n'eût chanté que les malheureux noms
Des Colletets, des Cotins, des Pradons;
Mânes plaintifs, qui sur le noir rivage
Vont regrettant que ce censeur sauvage,
Les enchaînant dans d'immortels accords,
Les ait privés du commun avantage
D'être cachés dans la foule des morts.

 Un autre écueil, Muse, te reste encore :
En évitant cet antre ténébreux
Où, nourrissant le feu qui la dévore,
L'âpre Satire épand son fiel affreux,
Crains d'aborder à cette plage aride
Où la Louange, au ton faible et timide,
Aux yeux baissés, au doucereux souris,
Vient chaque jour, sous le titre insipide
D'odes aux grands, de bouquets aux Iris,
A l'univers préparer des ennuis.
Le dieu du goût, au vrai toujours fidèle,
N'exclut pas moins de sa cour immortelle
Le complaisant, le vil adulateur,
Que l'envieux et le noir imposteur.

A MA MUSE.

Pars, c'en est fait ; que ce fil secourable,
Te conduisant au lyrique séjour,
Sauve tes pas du dédale effroyable
Où mille auteurs s'égarent sans retour.
Dans ces vallons si la troupe invisible
Des froids censeurs, des Zoïles secrets,
Lance sur toi ses inutiles traits,
D'un cours égal poursuit ton vol paisible ;
Par les fredons d'un rimeur désolé
Que ton repos ne puisse être troublé ;
Et, sans jamais t'avilir à répondre,
Laisse au mépris le soin de les confondre:
Rendre à leurs cris des sons injurieux,
C'est se flétrir et ramper avec eux.

A cette loi pour demeurer fidèle
Devant tes yeux conserve ce modèle.
Il est un sage, un favori des cieux,
Dont à l'envi tous les arts, tous les dieux
Ont couronné la brillante jeunesse,
Et qui, vainqueur du fuseau rigoureux,
Possède encor dans sa mâle vieillesse
L'art d'être aimable et le don d'être heureux.
Long-temps la Haine et la farouche Envie,
En s'obstinant à poursuivre ses pas,
Crurent troubler le calme de sa vie,
Et l'attirer dans de honteux combats ;
Mais conservant sa douce indifférence,
Et retranché dans un noble silence,
De ses rivaux il trompa les projets ;

EPITRE III.

Pouvant les vaincre, il leur laissa la paix.
D'affreux corbeaux lorsqu'un épais nuage
Trouble en passant le repos d'un bocage,
Laissant les airs à leurs sons glapissans,
Le rossignol interrompt ses accens,
Et, pour reprendre une chanson légère,
Seul il attend que le gosier touchant
D'une dryade ou de quelque bergère
Réveille enfin sa tendresse et son chant.

  Prends le burin, et grave ces maximes,
Muse, à ce prix je suis encor tes lois ;
A ce prix seul, nous pouvons à nos rimes
Promettre encor des honneurs légitimes,
Et les regards des sages et des rois.
Toujours j'entends les échos de nos rives
Porter au loin ces redites plaintives,
Que l'Hélicon n'est plus qu'un vain tombeau,
Que pour Phébus il n'est plus de Mécène,
Et qu'éloigné du trône de la Seine
En soupirant il éteint son flambeau.
Oui, je le sais, de profondes ténèbres
Ont du Parnasse investi l'horizon ;
Mais s'il languit sous ces voiles funèbres,
Allons au vrai : quelle en est la raison ?
Peut-on compter qu'un soleil plus propice
Ramènera sur l'empire des vers
Ces jours brillans nés sous le doux auspice
Des Richelieux, des Séguiers, des Colberts,
Quand, ne suivant que les muses impies,

A MA MUSE.

Prenant la rage et le ton des harpies,
Mille rimeurs, honteusement rivaux,
Par leurs sujets dégradent leurs travaux?
Ces noirs transports sont-ils la poésie?
Hé quoi! doit-on couronner les forfaits,
Parer le crime, armer la frénésie?
Et pour le Styx les lauriers sont-ils faits?
 N'accusons pas les astres de la France :
Pour ranimer leurs rayons éclatans
Qu'au mont sacré de nouveaux habitans,
Rivaux amis, rendent d'intelligence
La vie aux mœurs, la noblesse aux talens;
Ainsi bientôt nos rivages moins sombres,
D'un jour nouveau parés et réjouis,
Reverront fuir le sommeil et les ombres
Où sont plongés les arts évanouis.
Pour toi, pendant que de nouveaux Orphées
Vouant leurs jours aux plus savantes fées,
Et s'élevant à des accords parfaits,
Mériteront de chanter près d'un trône.
Toujours paré des palmes de Bellone,
Et couronné des roses de la paix;
Muse, pour toi, dans l'union paisible
De la sagesse et de la volupté,
Nymphe badine, ou bergère sensible,
Viens quelquefois, avec la Liberté,
Me crayonner de riantes images,
Moins pour l'honneur d'enlever les suffrages,
Que pour charmer ma sage oisiveté.

ÉPITRE IV.

A M. LE COMTE DE TRESSAN.

« JE suis persuadé, Monsieur, que vous
» ne doutez pas de l'empressement que j'ai
» de répondre à votre lettre charmante : »

MAIS comment écrire à Paris ?
Toujours le dieu des vers aima la solitude :
Dans cet enchaînement d'amusemens suivis,
  De choses et de riens unis,
Où trouver le silence, où fuir la multitude ?
  Comment être seul à Paris ?
Pour cueillir les lauriers et les fruits de l'étude
  Aux premiers rayons du soleil,
Je veux dès son coucher me livrer au sommeil :
Je me dis chaque jour que la naissante aurore
Ne retrouvera pas mes yeux appesantis ;
  Dix fois je me le suis promis ;
  Je promettrai dix fois encore :
  Comment se coucher à Paris ?
  On veut pourtant que je réponde
Au badinage heureux d'une muse féconde :

A M. DE TRESSAN.

On croit que les vers sont des jeux,
Et qu'on parle en courant le langage des dieux
Comme on persiffle ce bas monde :
Par les Grâces, dit-on, si vos jours sont remplis,
Par les Muses du moins commencez vos journées,
Oui, fort bien; mais est-il encor des matinées ?
Comment se lever à Paris;
Des yeux fermés trop tard par le pesant Morphée
Sont-ils si promptement ouverts ?
De l'antre du Sommeil passe-t-on chez Orphée,
Et du néant de l'ame à l'essor des beaux vers ?
N'importe; cependant, malgré l'ombre profonde
Qui couvre mes yeux obscurcis,
Dès que je me réveille, à peine encore au monde,
Je m'arrange, je m'établis;
Dans le silence et le mystère,
Au coin d'un foyer solitaire
Je me vois librement assis.
Le ciel s'ouvre : volons, Muse, oublions la terre :
Je vais puiser au sein de l'immortalité
Ces vers faits par l'amour, ces présens du génie,
Et dignes d'enchanter par leur douce harmonie
Les dieux de l'univers, l'esprit et la beauté.
Enflammé d'une ardeur nouvelle,
Déjà je me crois dans les cieux;
Déjà : mais quel profane à l'instant me rappelle
Aux méprisables soins de ces terrestres lieux ?
Quel insecte mortel vient m'arracher la rime ?
Ou, pour tout dire enfin sur un ton moins sublime,

Bientôt mon cabinet est rempli de fâcheux ;
Les brochures du jour et mille autres pancartes,
  Des vers, des lettres, et des cartes,
Viennent en même temps de différens endroits.
  Il faut y répondre à la fois.
Bientôt il faut sortir : l'heure est évanouie ;
  Muses, remportez vos crayons,
Dans l'histoire d'un jour voilà toute la vie.
  Car vainement nous nous fuyons ;
Jusqu'en nos changemens tout est monotonie,
  Et toujours nous nous répétons.
  Or sur cette image sincère
  Prononcez, jugez si je puis
Devenir diligent ou rester solitaire :
  Comment donc rimer à Paris ?

ÉPITRE V.

AU P. BOUGEANT, JÉSUITE.

De la paisible solitude
Où, loin de toute servitude,
La liberté file mes jours,
Ramené par un goût futile
Sur les délires de la ville,
Si j'en voulais suivre le cours,

Et savoir l'histoire nouvelle
Du domaine et des favoris
De la brillante Bagatelle,
La divinité de Paris,
Le dédale des aventures,
Les affiches et les brochures,
Les colifichets des auteurs,
Et la gazette des coulisses,
Avec le roman des actrices,
Et les querelles des rimeurs,
Je n'adresserais cette épître
Qu'à l'un de ces oisifs errans
Qui chaque soir sur leur pupitre
Rapportent tous les vers courans ;
Et qui, dans le changeant empire
Des Amours et de la Satire,
Acteurs, spectateurs tour à tour,
Possèdent toujours à merveille
L'historiette de la veille,
Avec l'étiquette du jour ;
Je pourrais décorer ces rimes
De quelqu'un de ces noms sublimes
Devant qui l'humble adulateur
De ses muses pusillanimes
Vient étaler la pesanteur ;
Si je savais louer en face,
Et, dans un éloge imposteur,
Au ton rampant de la fadeur
Faire descendre l'art d'Horace ;

ÉPITRE V.

Mais du vrai seul trop partisan,
Mon Apollon, peu courtisan,
Préfère l'entretien d'un sage
Et le simple nom d'un ami,
Aux titres ainsi qu'au suffrage
D'un grand dans la pompe endormi.
Pour les protecteurs que j'honore
Que seraient mes faibles accens ?
Ainsi que les dieux qu'on adore,
Ils sont au-dessus de l'encens.

C'est donc vous seul, que sans contrainte,
Et sans intérêt, et sans feinte,
J'appelle en ces bois enchantés,
Moins révérend qu'aimable père,
Vous, dont l'esprit, le caractère,
Et les airs, ne sont point montés
Sur le ton sottement austère
De cent tristes paternités,
Qui, manquant du talent de plaire
Et de toute légèreté,
Pour dissimuler la misère
D'un esprit sans aménité,
D'une sagesse minaudière
Affichent la sévérité,
Et ne sortent de leur tanière
Que sous la lugubre bannière
De la grave formalité :
Vous, dis-je, ce père vanté,
Vous, ce philosophe tranquille,

AU P. BOUGEANT.

De Minerve l'heureux pupille,
Et l'enfant de la Liberté,
Comment donc avez-vous quitté
Les délices de cet asile
Pour aller reprendre à la ville
Les chaînes de la gravité ?
Amant et favori des Muses ;
Et paresseux conséquemment,
Je ne vous trouve point d'excuses
Pour avoir fui si promptement.
Le desir des bords de la Seine
Soudain vous aurait-il repris ?
Non, aux lieux d'où je vous écris
Je me persuade sans peine
Qu'on peut se passer de Paris.
Héritier de l'antique enclume
De quelque pédant ignoré,
Et, pour reforger maint volume
Aux antres latins enterré,
Iriez-vous, comme les Saumaises,
Immolant aux doctes fadaises
L'esprit et la félicité,
Partager avec privilége
Des patriarches du collége
L'ennuyeuse immortalité ?
Non, l'esprit des aimables sages
N'est point né pour les gros ouvrages
Souvent publics incognito;
Le dieu du goût et du génie,

ÉPITRE V.

A rarement eu la manie
Des honneurs de l'in-folio.
Quoi ! sur votre philosophie,
Que les rayons de l'enjoûment
Faisaient briller d'un feu charmant,
La profane mélancolie
Aurait-elle, malgré les jeux,
Porté ses nuages affreux ?
Martyr de la misanthropie
Fuiriez-vous ce peu d'agrémens
Qui nous fait supporter la vie,
Les entretiens où tout se plie
Au naturel des sentimens,
Les doux transports de l'harmonie,
Et les jeux de la poésie,
Enfin tous les enchantemens
De la meilleure compagnie?
Et par quelle bizarrerie,
Anachorète casanier,
Pour aller encore essuyer
L'éternité du vin de Brie,
Auriez-vous quitté le nectar
D'Aï, d'Arbois, et de Pomar ?
Non ; vous tenez de la nature
Un jugement trop lumineux ;
Vous avez trop cette tournure
Qui fait et le sage et l'heureux,
Pour vous condamner au silence,
Loin de ces biens et de ces jeux,

AU P. BOUGEANT.

Dont la tranquille jouissance,
Proscrite chez le peuple sot,
Distingue le mortel qui pense
De l'automate et du cagot :
Et quand l'esprit mélancolique
Pourrait des ennuis ténébreux
Dans une ame philosophique
Verser le poison léthargique,
Ce n'eût point été dans ces lieux,
Dans un temple de l'allégresse,
Que le bandeau de la tristesse
Se fût répandu sur vos yeux.
Mais pourquoi donner au mystère,
Pourquoi reprocher au hasard
De ce prompt et triste départ
La cause trop involontaire ?
Oui, vous seriez encore à nous
Si vous étiez vous-même à vous.
Si j'écrivais à quelque belle,
Je lui dirais peut-être aussi,
Que depuis sa fuite cruelle
Les oiseaux languissent ici ;
Que tous les amours avec elle
Ont fui nos champs à tire d'aile ;
Qu'on n'entend plus les chalumeaux ;
Qu'on ne connaît plus les échos ;
Enfin la longue kyrielle
De tout le phébus ancien :
Et sans doute il n'en serait rien ;

ÉPITRE V.

Tous nos moineaux à l'ordinaire
Vaqueraient à leurs fonctions ;
Sans chagrines réflexions
Les amours songeraient à plaire ;
Myrtile, toujours plus heureux,
Unirait son chiffre amoureux
Avec celui de sa bergère ;
Et les ruisseaux apparemment
Entre les fleurs et la fougère
N'en iraient pas plus lentement :
Mais, sans ces fadeurs de l'idylle,
Je vous dirai fort simplement
Que jamais ce séjour tranquille
N'a vu l'automne plus charmant ;
Loin du tumulte qu'il abhorre,
Le plaisir avec chaque aurore
Renaît sur ces vallons chéris,
Des guirlandes de la Jeunesse
Les Ris couronnent la Sagesse,
La Sagesse enchaîne les Ris ;
Et, pour mieux varier sans cesse
L'uniformité du loisir,
Un goût guidé par la finesse,
Vient unir les arts au plaisir,
Les arts que permet la Paresse,
Ces arts inventés seulement
Pour occuper l'Amusement.

Tour à tour, d'une main facile,
On tient le crayon, le compas,

AU P. BOUGEANT.

Les fuseaux, le pinceau docile,
Avec l'aiguille de Pallas;
Et pendant tout ce badinage,
Qu'on honore du nom d'emploi,
D'autres paresseux avec moi
Font un sermon contre l'ouvrage;
Ou, sans projet, sans autre loi
Que les erreurs d'un goût volage,
Sages ou fous à l'unisson
Joignant la flûte à la trompette,
Le brodequin à la houlette,
Et le sublime à la chanson.
Hors la louange et la satire,
Tout s'écrit ici, tout nous plaît,
Depuis les accords de la lyre
Jusqu'aux soupirs du flageolet,
Et depuis la langue divine
De Malebranche et de Racine,
Jusqu'au folâtre triolet.

    Que l'insipide symétrie
Règle la ville qu'elle ennuie;
Que les temps y soient concertés
Et les plaisirs mêmes comptés :
La mode, la cérémonie,
Et l'ordre, et la monotonie,
Ne sont point les dieux des hameaux;
Au poids de la triste satire
On n'y pèse point tous les mots,
Et si l'on doit blâmer ou rire;

ÉPITRE V.

Tout ce qui plaît vient à propos ;
Tout y fait des plaisirs nouveaux,
Le hasard, l'instant les décide :
Sans regretter l'heure rapide
Qui naît, qui s'envole soudain,
Et sans prévoir le lendemain,
Dans ce silence solitaire,
Sous l'empire de l'agrément;
Nous ne nous doutons nullement
Que déjà le noir Sagittaire,
Couronné de tristes frimas,
Vient bannir Flore désolée,
Et qu'avec Pomone exilée
L'astre du jour fuit nos climats.
Oui, malgré ces métamorphoses,
Nos bois semblent encor naissans ;
Zéphyr n'a point quitté nos champs,
Nos jardins ont encor des roses :
Où règnent les amusemens
Il est toujours des fleurs écloses,
Et les plaisirs font le printemps.
 Echappé de votre hermitage,
Et sur ce fortuné rivage
Porté par les songes légers,
Voyez la nouvelle parure
Dont s'embellissent ces vergers (a) ;

(a) Bosquet de Minerve, récemment ajouté au jardin de C*, dessiné par le célèbre le Nôtre.

AU P. BOUGEANT.

Élève ici de la Nature,
L'Art, lui prêtant ses soins brillans,
Y forme un temple de verdure
A la déesse des talens.
Sortez du sein des violettes,
Croissez, feuillages fortunés,
Couronnez ces belles retraites,
Ces détours, ces routes secrètes,
Aux plus doux accords destinés !
Ma muse, pour vous attendrie,
D'une charmante rêverie
Subit déjà l'aimable loi ;
Les bois, les vallons, les montagnes,
Toute la scène des campagnes
Prend une ame et s'orne pour moi.
Aux yeux de l'ignare vulgaire
Tout est mort, tout est solitaire,
Un bois n'est qu'un sombre réduit,
Un ruisseau n'est qu'une onde claire,
Les zéphirs ne sont que du bruit ;
Aux yeux que Calliope éclaire
Tout brille, tout pense, tout vit ;
Ces ondes tendres et plaintives,
Ce sont des nymphes fugitives
Qui cherchent à se dégager
De Jupiter pour un berger ;
Ces fougères sont animées ;
Ces fleurs qui les parent toujours,
Ce sont des belles transformées ;

ÉPITRE V.

Ces papillons sont des Amours.
    Mais pourquoi ma raison oisive,
D'une muse qui la captive
Suivant les caprices légers,
Cherche-t-elle sur cette rive
Des objets au sage étrangers,
Sans fixer sa vue attentive
Sur l'exemple de ces bergers ?
Si dans l'imposture éternelle
De nos mensonges enchanteurs
Il reste encor quelque étincelle
De la nature dans nos cœurs ;
Sauvés du séjour des prestiges,
Et cherchant ici les vestiges
De l'antique simplicité,
Sans adorer de vains fantômes,
Décidons si ce que nous sommes
Vaut ce que nous avons été ;
Et si, malgré leur douceur pure,
Ces biens pour toujours sont perdus,
Voyons-en du moins la figure,
Comme on aime à voir la peinture
De quelque belle qui n'est plus.
    Oui, chez ces bergers, sous ces hêtres,
J'ai vu dans la frugalité
Les dépositaires, les maîtres
De la douce félicité ;
J'ai vu, dans les fêtes champêtres,
J'ai vu la pure Volupté

AU P. BOUGEANT.

Descendre ici sur les cabanes,
Y répandre un air de gaîté,
De douceur et de vérité,
Que n'ont point les plaisirs profanes
Du luxe et de la dignité.
  Parmi le faste et les grimaces
Qu'entraînent les fêtes des cours,
Thémire, dans ses plus beaux jours;
Avec de l'esprit et des grâces,
S'ennuie au milieu des Amours :
Ici j'ai vu la tendre Lise,
A peine en son quinzième été,
Sans autre espoir que la franchise,
Sans parure que la beauté,
Plus heureuse, plus satisfaite
D'unir avec agilité
Ses pas au son d'une musette,
Et, parmi les plus simples jeux,
Portant le plaisir dans ses yeux
Écrit des mains de la nature
Avec de plus aimables feux
Que n'en peut prêter l'imposture
A l'œil trompeur et concerté
D'une coquette fastueuse,
Qui, par un sourire emprunté,
Dans l'ennui veut paraître heureuse,
Et jouer la vivacité.
  Qu'on censure ou qu'on favorise
Ce goût d'un bonheur innocent;

ÉPITRE V.

Pour répondre à qui le méprise,
Qu'il nous suffise que souvent,
Pour fuir un tumulte brillant,
Thémire voudrait être Lise,
Et voler du sein des grandeurs
Sur un lit de mousse et de fleurs.

Feuillage antique et vénérable,
Temple des bergers de ces lieux,
Orme heureux, monument durable
De la pauvreté respectable,
Et des amours de leurs aïeux ;
O toi qui, depuis la durée
De trente lustres révolus,
Couvres de ton ombre sacrée
Leurs danses, leurs jeux ingénus,
Sur ces bords, depuis ta jeunesse
Jusqu'à cette verte vieillesse,
Vis-tu jamais changer les mœurs,
Et la félicité première
Fuir devant la fausse lumière
De mille brillantes erreurs ?
Non ; chez cette race fidèle
Tu vois encor ce pur flambeau
De l'innocence naturelle
Que tu voyais briller chez elle
Lorsque tu n'étais qu'arbrisseau ;
Et, pour bien peindre la mémoire
De ces mortels qui t'ont planté,
Tu nous offres pour leur histoire

AU P. BOUGEANT.

Les mœurs de leur postérité.
Triomphe, règne sur les âges;
Échappe toujours aux ravages
D'Éole, du fer, et des ans,
Fleuris jusqu'au dernier printemps,
Et dure autant que ces rivages;
Au chêne, au cèdre fastueux
Laisse les tristes avantages
D'orner des palais somptueux :
Les lambris couvrent les faux sages,
Tes rameaux couvrent les heureux.

 Tandis qu'instruit par la droiture
Et par la simple vérité,
Mon esprit, toujours enchanté,
Pénètre au sein de la nature,
Et s'y plonge avec volupté ;
Hélas ! par une loi trop dure,
Poussés vers l'éternelle nuit,
Le Plaisir vole, le Temps fuit,
Et bientôt sous sa faux rapide,
Ainsi que les jardins d'Armide,
Ce lieu pour nous sera détruit.
Trop tôt, hélas ! les soins pénibles,
Les bienséances inflexibles,
Revendiquant leurs tristes droits,
Viendront profaner cet asile,
Et, nous arrachant de ces bois,
Nous replongeront pour six mois
Dans l'affreux chaos de la ville,

ÉPITRE V.

Et dans cet éternel fracas
De riens pompeux et d'embarras,
Qui, pour tout esprit raisonnable
Sujets de gêne et de pitié,
Ne sont que le jeu misérable
D'un ennui diversifié !

Mais, outre ces peines communes
Qui nous attendent au retour,
Outre les chaînes importunes
Et de la ville et de la cour,
Il est un fatal apanage
De dégoût encor plus nombreux,
Qu'au retour des champêtres lieux
Le funeste Apollon ménage
A ses élèves malheureux.

Au milieu d'un monde frivole,
Dont les nouveautés sont l'idole,
Déjà je me vois revenu,
Et, pour le malheur de ma vie,
Par l'importune poésie
Malgré moi-même un peu connu,
Déjà j'entends les périodes,
Et les questions incommodes
De ces furets de vers nouveaux,
De ces copistes généraux,
Qui, persuadés que l'étude
Me tient absent depuis trois mois,
Vont s'imaginer que je dois
Le tribut de ma solitude

AU P. BOUGEANT.

À l'oisiveté de leur voix.
« Hé bien ! me dit l'un, dont l'idylle
Enchante l'esprit doucereux ;
» Sans doute, élève de Virgile,
» Sur des pipeaux harmonieux
» De Lycidas et d'Amarylle
» Vous aurez soupiré les feux ?
» Vous aurez chanté les beaux yeux,
» Les premiers soupirs de Sylvie,
» Et des bouquets de la prairie
» Vous aurez orné ses cheveux ? »
« Qu'apportez-vous ? point de mystère
(Me vient dire avec un souris
Quelque suivant de beaux-esprits,
Insecte et tyran du parterre),
» L'ouvrage est-il pour Thomassin,
» Pour Pélissier, ou pour Gaussin ? »
Je fuis, j'échappe à la poursuite
De ces colporteurs trop communs.
Suis-je plus heureux dans ma fuite ?
D'autres lieux, d'autres importuns !
« Enfin, dit-on, de votre absence,
» Revenez-vous un peu changé ?
» Du sommeil de la négligence
» Votre esprit enfin dégagé
» Immolera-t-il l'indolence
» Aux succès d'un travail rangé ? »
Ainsi déclame sans justesse
Contre les droits de la Paresse

ÉPITRE V.

Un froid censeur, qui ne sent pas
Que sans cet air de douce aisance
Mes vers perdraient le peu d'appas
Qui leur a gagné l'indulgence
Des voluptueux délicats,
Des meilleurs paresseux de France,
Les seuls juges dont je fais cas.

Par l'étude, par l'art suprême,
Sur un froid pupitre amaigris,
D'autres orneront leurs écrits :
Pour moi, dans cette gêne extrême,
Je verrais mourir mes esprits.
On n'est jamais bien que soi-même ;
Et me voilà tel que je suis.
Imprimés, affichés sans cesse,
Et s'entrechassant de la presse,
Mille autres nous inonderont
D'un déluge d'écrits stériles,
Et d'opuscules puériles,
Auxquels sans doute ils survivront :
A cette abondance cruelle
Je veux toujours, en vérité,
Et de La Fare et de Chapelle
Préférer la stérilité :
J'aime bien moins ce chêne énorme
Dont la tige toujours informe
S'épuise en rameaux superflus,
Que ce myrte tendre et docile,
Qui, croissant sous l'œil de Vénus,

AU P. BOUGEANT.

N'a pas une feuille inutile,
S'épanouit négligemment,
Et se couronne lentement.
   Il est vrai qu'en quittant la ville
J'avais promis que, plus tranquille,
Et dans moi-même enseveli,
Je saurais, disciple d'Horace,
Unir les nymphes du Parnasse
Aux bergères de Tivoli.
J'avais promis : mais tu t'abuses
Si tu comptes sur nos discours ;
Cher ami, les sermens des Muses
Ressemblent à ceux des Amours.
Dans la tranquillité profonde
Du philosophe et du berger
Trois mois j'ai vécu, sans songer
Qu'Apollon fût encore au monde,
Et je t'avoue ingénûment
Que très-peu fait à voir l'aurore,
Que j'aperçois dans ce moment,
Je ne la verrais point éclore
Dans ce champêtre éloignement,
Si des volontés que j'adore,
Pour me faire rimer encore,
Ne valaient mieux que mon serment.
   Toi, dont la sagesse riante
Souffre et seconde nos chansons,
Ami, sur ta lyre brillante
Prépare-nous les plus doux sons :

ÉPITRE V.

Dès qu'entraînés par l'habitude
Au séjour de la multitude,
Nous aurons quitté ce canton,
Chez un élève d'Uranie,
Entre les fleurs et l'ambroisie,
Entre Démocrite et Platon,
De ta vertu toujours unie
Nous irons prendre des leçons,
Et t'en donner de la folie,
Que la bonne philosophie
Permet à ses vrais nourrissons.
Cette anacréontique orgie,
Livrée à la vive énergie
Du génie et du sentiment,
Ne sera point assurément
De ces fêtes sombres et graves
Où périt la vivacité,
Où les agrémens sont esclaves,
Et s'endorment dans les entraves
De la pesante autorité ;
Nous n'y choisirons point pour guide
Cette raison froide et timide
Qui toise impitoyablement
Et la pensée et le langage,
Et qui sur les pas de l'usage
Rampe géométriquement :
Loin du mystère et de la gêne,
Pensant tout haut et sans effort,
Admettant la raison sans peine,

AU P. BOUGEANT.

Et la saillie avec transport,
D'une ville tumultueuse
Nous adoucirons le dégoût.
La raison est partout heureuse,
Le bonheur du sage est partout ;
Et, puisqu'il faut du ton stoïque
Égayer la sévérité,
La ville, malgré ma critique,
Et l'éloge du sort rustique,
Reverra mon cœur enchanté.
Dans ses caprices agréables,
Et dans son brillant le plus faux,
Paris a des charmes semblables
A ces coquettes adorables
Qu'on aime avec tous leurs défauts.
 Mais quoi ! tandis que ma pensée,
Plus légère que le Zéphyr,
Folâtre à la fois et sensée,
Vole sur l'aile du Plaisir,
Dieux ! quelle nouvelle semée
Subitement dans l'univers
Vient glacer mon ame alarmée,
Et quelle main de feux armée
Lance la foudre sur mes vers ?
Sur un char funèbre portée,
Des Grâces en deuil escortée,
La Renommée en ce moment
M'apprend que la Parque inhumaine,
Sur les tristes bords de la Seine,

ÉPITRE V.

Vient de plonger au monument
Des mortels le plus adorable (a),
L'ami de tout heureux talent
Et de tout ce qui vit d'aimable,
Le dieu même du sentiment,
Et l'oracle de l'agrément.
O toi, mon guide et mon modèle,
Durable objet de ma douleur,
Toi qui, malgré la mort cruelle,
Respires encor dans mon cœur,
Illustre Ariste, ombre immortelle,
Ah ! si du séjour de nos dieux ;
Si, de ces brillantes retraites
Où tes mânes ingénieux
Charment les ombres satisfaites
Des Sévignés, des Lafayettes,
Des Vendômes, et des Chaulieus,
Tu daignes, sensible à nos rimes,
Abaisser tes regards sublimes
Sur le deuil de ces tristes lieux,
Et si, de l'éternel silence
Traversant le vaste séjour,
Un dieu te porte dans ce jour
La voix de ma reconnaissance,
Pardonne au légitime effroi,
Au sombre ennui qui fond sur moi,
Si, dans les fastes de mémoire,

(a) L'évêque de Luçon.

AU P. BOUGEANT.

Je ne trace point à ta gloire
De vers immortels comme toi.
Moi, qui voudrais en traits de flamme
Graver aux yeux de l'avenir
Ma tendresse et ton souvenir,
Comme ils resteront dans mon ame
Gravés jusqu'au dernier soupir,
J'irai dans le temple des Grâces
Laisser d'ineffaçables traces
De cette sensible bonté,
L'amour, le charme de notre âge,
Ou, pour en dire davantage,
L'éloge de l'humanité :
Mais à travers les voiles sombres
Quand je te cherche dans les ombres,
Dans le silence du tombeau,
Puis-je soutenir le pinceau ?
Que les beaux-arts, que le Portique,
Que tout l'empire poétique,
Où souvent tu dictas des lois,
Avec la Seine inconsolable,
Pleurent une seconde fois
La perte trop irréparable
D'Aristippe, d'Anacréon,
D'Atticus, et de Fénélon :
Pour moi, de ma douleur profonde
Trop pénétré pour la chanter,
N'admirant plus rien en ce monde
Où je ne puis plus t'écouter,

Sur l'urne qui contient ta cendre,
Et que je viens baigner de pleurs,
Chaque printemps je veux répandre
Le tribut des premières fleurs ;
Et puisqu'enfin je perds le maître
Qui du vrai beau m'eût fait connaître
Les mystères les plus secrets,
Je vais à tes sombres cyprès
Suspendre ma lyre, et peut-être
Pour ne la reprendre jamais.

ÉPITRE VI.

A MA SOEUR,

SUR MA CONVALESCENCE.

Toi, que la voix de ma douleur
A fait voler vers moi du sein de ta patrie,
Et qui, portant encor dans ton ame attendrie
 Du spectacle de mon malheur
 La douloureuse rêverie,
Après mon péril même en conserves l'horreur,
 Renais, rappelle la douceur
 De ton allégresse chérie,

A MA SOEUR.

Ma Minerve, ma tendre sœur.
Mais quoi ! suis-je encor fait pour nommer l'allégresse,
  Et pour en chanter les appas,
Moi qui, depuis deux mois de mortelle tristesse,
Ai vu sur ma demeure étinceler sans cesse
  La faux sanglante du trépas ?
  Par les songes du sombre empire,
Enfans tumultueux du bizarre délire,
  Mon esprit si long-temps noirci
Pourra-t-il retrouver sous ses épais nuages
Les pinceaux du plaisir, les brillantes images,
Et lever le bandeau qui le tient obscurci ?
  Quand sur les champs de Syracuse
Un volcan vient au loin d'exercer ses fureurs,
  Aux bords désolés d'Aréthuse
  Daphné cherche-t-elle des fleurs ?
  Dans de mâles et sages rimes
  Si de l'inflexible raison
Il ne fallait qu'offrir les stoïques maximes,
Ici plus que jamais j'en trouverais le ton :
Je sors de ces instans de force et de lumière
  Où l'éclatante vérité,
Telle que le soleil au bout de sa carrière,
Donne à ses derniers feux sa plus vive clarté :
J'ai vu ce pas fatal où l'ame, plus hardie,
  S'élançant de ses tristes fers,
Et prête à voir finir le songe de la vie,
  Au poids du vrai seul apprécie
  Le néant de cet univers.

ÉPITRE VI.

  Éclairé sur les vœux frivoles
  Et sur les faux biens des humains,
Je pourrais à tes yeux renverser leurs idoles,
Les dieux de leur folie, ouvrage de leurs mains,
   Et, dans mon ardeur intrépide,
   De la vérité moins timide
   Osant rallumer le flambeau,
Juger et nommer tout avec cette assurance
Que j'ai su rapporter du sein de la souffrance,
   Et de l'école du tombeau.
Réduit, comme je fus, par l'arrêt inflexible
   Et de la Douleur et du Sort,
A demander aux dieux le bienfait de la mort,
Je te dirais aussi que cette mort horrible
   Pour le vulgaire malheureux,
Pour un sage n'est point ce spectre si terrible
Sur qui les vils mortels n'osent lever les yeux;
Et qu'après avoir vu la misère profonde
   Des insectes présomptueux,
   De tous les êtres ennuyeux
Dont le Ciel a chargé la surface du monde,
   Et qui rampent dans ces bas lieux,
   Au premier arrêt de la Parque,
Sans peine et d'un pas ferme on passerait la barque,
Si la tendre amitié, si le fidèle amour,
   N'arrêtaient l'ame dans leurs chaînes,
   Et si leurs plaisirs tour à tour,
   Plus vrais et plus vifs que nos peines,
   Ne nous faisaient chérir le jour.

A MA SOEUR.

Mais de cette philosophie
Je ne réveille point les lugubres propos :
 Tu n'es faite que pour la vie ;
 Et t'entretenir de tombeaux,
Ce serait déployer sur la naissante aurore
Du soir d'un jour obscur les nuages épais,
 Et donner à la jeune Flore
 Une couronne de cyprès.
Qu'attends-tu cependant? tu veux que ma mémoire,
Retournant sur des jours d'alarmes et d'ennuis,
 T'en fasse la pénible histoire :
 Sur quels déplorables récits
 Exiges-tu que je m'arrête!
C'est rappeler mon ame aux portes de la mort.
J'y consens; mais bannis l'effroi de la tempête,
 Je la raconte dans le port.
Sur ses rameaux brisés et semés sur la terre
 Par la foudre ou l'effort des vents,
Un chêne voit enfin d'autres rameaux naissans,
Et, relevé des coups d'Éole et du tonnerre,
 Il compte de nouveaux printemps.
Le jour a reparu. Rien n'est long-temps extrême.
 Tel était mon affreux tourment ;
J'ai souffert plus de maux au bord du monument
 Que n'en apporte la mort même.
La douleur est un siècle, et la mort un moment.
 Frappé d'une main foudroyante,
Et frappé dans le sein des arts et des amours,
 De la santé la plus brillante

ÉPITRE VI.

Je vis en un instant s'éteindre les beaux jours :
Ainsi d'un ruisseau pur la Naïade éplorée,
Dans une froide nuit, par le fougueux Borée
De ses plus vives eaux voit enchaîner le cours.
    Dans cette langueur meurtrière,
Comptant les pas du Temps trop lent au malheureux
    Quarante fois de la lumière
    J'ai vu disparaître les feux,
    Quarante fois dans sa carrière
    J'ai vu rentrer l'astre des cieux,
    Et dans un si long intervalle,
    La Parque, d'une main fatale
Arrachant de mes yeux les paisibles pavots,
Pour moi ne fila point une heure de repos ;
Par le souffle brûlant de la fièvre indomptée
    Chaque jour ma force emportée
Renaissait chaque jour pour des tourmens nouveaux :
    Dans la fable de Prométhée
    Tu vois l'histoire de mes maux.
Après l'effroi qui suit l'attente du supplice,
    Voilé des plus noires couleurs,
Parut enfin ce jour de malheureux auspice
Où de l'humanité j'épuisai les douleurs ;
Couché sur un bûcher, et l'autel et le trône
    D'Esculape et de Tisiphone,
Courbé sous le pouvoir de leurs prêtres cruels,
J'ai vu couler mon sang sous les couteaux mortels ;
Mon ame s'avança vers les rivages sombres :
Mais quel rayon lancé du sein des immortels,

A MA SOEUR.

L'arrêtant à travers la région des ombres,
Vint ranimer mes sens sur ses sanglans autels !
    Je crus sortir du noir abîme,
Quand, revenant au jour, je me vis délivré :
Je trompai le trépas, ainsi qu'une victime
    Que frappe un bras mal assuré;
    Inutilement poursuivie,
    Et plus forte par la douleur,
Elle arrache, en fuyant, les restes de sa vie
    Aux coups du sacrificateur.
    Il est une jeune déesse,
Plus agile qu'Hébé, plus fraîche que Vénus :
Elle écarte les maux, les langueurs, la faiblesse;
    Sans elle la beauté n'est plus;
    Les Amours, Bacchus, et Morphée,
    La soutiennent sur un trophée
    De myrte et de pampres orné,
    Tandis qu'à ses pieds abattue
    Rampe l'inutile statue
    Du dieu d'Épidaure enchaîné.
Ame de l'univers, charme de nos années,
    Heureuse et tranquille Santé !
Toi qui viens renouer le fil de mes journées,
Et rendre à mon esprit sa plus vive clarté,
Quand, prodigues des dons d'une courte jeunesse,
Ne portant que la honte et d'amères douleurs
    A la trop précoce vieillesse,
Les aveugles mortels abrègent tes faveurs;
Je vais sacrifier dans ton temple champêtre,

ÉPITRE VI.

Loin des cités et de l'ennui.

Tout nous appelle aux champs ; le printemps va renaître
Et j'y vais renaître avec lui.
Dans cette retraite chérie
De la Sagesse et du Plaisir,
Avec quel goût je vais cueillir
La première épine fleurie,
Et de Philomèle attendrie
Recevoir le premier soupir !
Avec les fleurs dont la prairie
A chaque instant va s'embellir,
Mon ame, trop long-temps flétrie,
Va de nouveau s'épanouir,
Et, loin de toute rêverie,
Voltiger avec le Zéphyr.
Occupé tout entier du soin, du plaisir d'être,
Au sortir du néant affreux,
Je ne songerai qu'à voir naître
Ces bois, ces berceaux amoureux,
Et cette mousse et ces fougères,
Qui seront, dans les plus beaux jours,
Le trône des tendres bergères,
Et l'autel des heureux amours.
O jours de la convalescence !
Jours d'une pure volupté !
C'est une nouvelle naissance ;
Un rayon d'immortalité.
Quel feu ! tous les plaisirs ont volé dans mon ame.
J'adore avec transport le céleste flambeau ;

A MA SOEUR.

Tout m'intéresse, tout m'enflamme ;
Pour moi l'univers est nouveau.
Sans doute que le Dieu qui nous rend l'existence,
A l'heureuse convalescence
Pour de nouveaux plaisirs donne de nouveaux sens;
A ses regards impatiens
Le chaos fuit; tout naît ; la lumière commence;
Tout brille des feux du printemps.
Les plus simples objets, le chant d'une fauvette,
Le matin d'un beau jour, la verdure des bois,
La fraîcheur d'une violette;
Mille spectacles qu'autrefois
On voyait avec nonchalance,
Transportent aujourd'hui, présentent des appas
Inconnus à l'indifférence,
Et que la foule ne voit pas.
Tout s'émousse dans l'habitude ;
L'amour s'endort sans volupté;
Las des mêmes plaisirs, las de leur multitude,
Le sentiment n'est plus flatté;
Dans le fracas des jeux, dans la plus vive orgie,
L'esprit, sans force et sans clarté,
Ne trouve que la léthargie
De l'insipide oisiveté:
Cléon, depuis dix ans de fêtes et d'ivresse,
Frais, brillant d'embonpoint, ramené chaque jour
Entre la jeunesse et l'amour,
Dans le néant de la mollesse
Dort et végète tour à tour :

ÉPITRE A MA SOEUR.

Lisis, depuis long-temps plongé dans les ténèbres,
    Entre Hippocrate et les ennuis,
    Libre de leurs chaînes funèbres,
Vient de quitter enfin leurs lugubres réduits.
Observez-les tous deux dans une même fête :
Cléon n'y paraîtra que distrait ou glacé,
Tout glisse sur ses sens, nul plaisir ne s'arrête
    Au fond de son cœur émoussé :
Tout charmera Lisis ; cette nymphe est plus belle,
    Cette sirène a mieux chanté,
D'un plus aimable feu ce champagne étincelle,
Ces convives joyeux sont la troupe immortelle,
Cette brune charmante est la divinité.
Cléon est un sultan, qu'un bonheur trop facile
Prive du sentiment, des ardeurs, des transports :
En vain de cent beautés une troupe inutile
Lui cherche des desirs ; infructueux efforts !
    Mahomet est au rang des morts.
    Lisis, dans ses ardeurs nouvelles,
    Est un voyageur de retour ;
    Éloigné des jeux et des belles,
Le plus triste vaisseau fut long-temps son séjour ;
Il touche le rivage, à l'instant tout l'invite ;
    Et pour Lisis, dans ce beau jour,
La première Philis des hameaux d'alentour
    Est la sultane favorite,
    Et le miracle de l'Amour.

ÉPITRE VII.

A M. ORRY,

CONTRÔLEUR-GÉNÉRAL.

Nouvel an, complimens nouveaux,
Éternelle cérémonie,
Inépuisables madrigaux,
Vers dont on endort son héros,
Courses à la cour qu'on ennuie:
Faut-il qu'un sage s'associe
A la procession des sots ?
Aussi, bien moins pour satisfaire
Un usage fastidieux,
Que reconnaissant et sincère
Pour un ministre généreux,
J'aurais de la naissante année
Donné la première journée
A lui porter mes premiers vœux,
Si par la bise impitoyable
Qui vient d'enrhumer tout Paris,
Je ne me fusse trouvé pris,
Et si, sur l'avis détestable

A M. ORRY.

D'un vieil empirique pendable
Je ne me fusse encor muni
Des feux d'une fièvre effroyable,
Que je n'aurais point eus sans lui.
Or, dans les chimères qu'inspire
Un transport, un brûlant délire,
De fantômes environné,
(Je m'en souviens) j'imaginai
Que rayé du nombre des êtres,
Par Hippocrate empoisonné,
J'étais où gisent nos ancêtres ;
Là, près d'un fleuve infortuné,
Et parmi la défunte troupe,
Qui, pour passer à l'autre bord,
Attendait la noire chaloupe,
M'occupant peu, m'ennuyant fort,
Et ne sachant enfin que faire,
(Car que fait-on quand on est mort?)
Je rappelais ma vie entière,
Et ne reprochais rien au sort.
Non, si par la métempsycose,
Me disais-je, on quittait ces lieux
Pour revoir la clarté des cieux,
Et que le choix suivît mes vœux,
Je ne serais rien autre chose
Que ce que m'avaient fait les dieux.
Par un ministre digne d'eux,
Sans projet, sans inquiétude,
Libre de toute servitude,

Cherchant tour à tour et quittant
Et le monde et la solitude,
Entre les plaisirs et l'étude
Je vivais obscur et content.
D'un délire ce fut l'image,
Il l'était de la vérité.
Vous, qui recevez mon hommage,
D'un loisir qui fut votre ouvrage
Confirmez la tranquillité ;
Ainsi, gravée en traits de flamme,
La gratitude de mon sort,
Immortelle comme mon ame,
Me suivra jusqu'au sombre bord.

ÉPITRE VIII.

SUR UN MARIAGE.

Sur un rivage solitaire
Où, malgré tout l'ennui du temps,
Les frimas, la neige, les vents,
Le faible jour qui nous éclaire,
La tranquille raison préfère
Un foyer champêtre écarté,
Et le ciel de la liberté,
A l'étroite et lourde atmosphère

Des paravents de la cité ;
Au milieu du sombre silence
De la triste uniformité,
Et de toute la violence
D'un hiver qui sera cité,
Et qui, soit dit sans vanité,
Prête à nos champs de Picardie
L'austère et sauvage beauté
Des montagnes de Laponie ;
Un bon ermite confiné
Dans sa cabane rembrunie,
Et par cette bise ennemie,
A son grand regret, détourné
Du charme d'occuper sa vie
Dès la renaissante clarté,
Et de l'habitude chérie
D'aller voir avec volupté
Ses arbres, son champ, sa prairie,
Parcourait par oisiveté
Une multitude infinie
D'écrits nouveaux sans nouveauté,
De phrases sans nécessité,
Et de rimes sans poésie ;
Et dans la belle quantité
Des œuvres dont nous gratifie
La féconde Inutilité,
Et je ne sais quelle manie
D'une pauvre célébrité,
Il admirait l'éternité

SUR UN MARIAGE.

Des almanachs que le génie,
Qui nous gagne de tout côté,
Fabrique, réchauffe, amplifie,
Pour éclairer l'humanité,
Et réjouir la compagnie.
Glacé, privé de tout rayon
De cette lumière féconde
Qui colore, embellit, seconde
L'heureuse imagination;
Au lieu de fleurs et de gazon,
Ne découvrant de son pupitre
Que les glaces de ce vallon,
Ces bois courbés sous l'aquilon,
Ces tapis d'albâtre et de nitre
Étendus jusqu'à l'horizon;
Loin d'avoir la prétention
Et le moindre goût d'en décrire
La sombre décoration
Se trouvant digne au plus de lire,
Il n'aurait guère imaginé
Qu'il allait oublier l'empire
De l'hiver le plus obstiné,
Et se donner les airs d'écrire.
Dans ce morne et pesant repos
Une lettre charmante arrive
Des bords toujours chers et nouveaux
Que baigne et pare de ses eaux
La Seine à regret fugitive.
O traits enchanteurs et puissans!

ÉPITRE VIII.

O prompte et céleste magie
D'un souvenir vainqueur des ans !
Aux accens d'une voix chérie
Qui peut tout sur ses sentimens,
Et qui sait parer tous les temps
Des roses d'un heureux génie,
L'habitant désœuvré des champs
A cru voir pour quelques instans
Sa solitude refleurie
Briller des couleurs du printemps,
Et le rappeler à la vie,
A l'air pur des bois renaissans,
Loin de la triste compagnie
Des brochures et des écrans,
Affranchi de sa léthargie,
Dans une heureuse rêverie,
A Crosne il s'est cru transporté ;
Crosne, ce pays enchanté
De la belle et simple nature,
De l'esprit sans méchanceté,
Du sentiment sans imposture,
Et de cette franche gaîté,
Toujours nouvelle, toujours pure,
Et si bonne pour la santé.
L'éclat du plus beau jour de fête
Y faisait briller ce bonheur,
Cette éloquente voix du cœur,
Ce plaisir que nul art n'apprête :
Un nouvel époux radieux

SUR UN MARIAGE.

Venait d'amener en ces lieux
Sa jeune et brillante conquête ;
Les vœux, les applaudissemens
Précédaient et suivaient leurs traces ;
A leurs chiffres resplendissans
La Gloire unissait ceux des Grâces,
Et du Génie, et des Talens ;
Et, sous ses auspices fidèles
Garantissant leur sort heureux,
L'Amitié couronnait leurs nœuds
De ses guirlandes immortelles.
   Un solennel complimenteur,
Un long faiseur d'épithalames,
Déploirait ici sa splendeur
En beaux grands vers, en anagrammes,
En refrains de *chaînes*, d'*ardeurs*,
De *beaux destins*, de *belles flammes*;
Il viendrait traînant après lui
Son édition bien pliée,
Bien pesante, bien dédiée,
Mêler les crêpes de l'ennui
Aux atours de la mariée.
Mais laissons dans tout leur repos
Les Galans innocens propos
Dont les chansonniers de familles,
Et les aiglons provinciaux
Forment leurs longues cantatilles,
Leurs vieux impromptus, leurs rondeaux,
Toutes leurs flammes si gentilles,

ÉPITRE VIII.

Et leurs perfides madrigaux.
Le sévère et mâle génie
Du sage et brillant Despréaux
S'indignerait si l'ineptie
De tous ces vers de coterie,
De fadeurs, de mauvais propos,
Profanait Crosne, sa patrie,
Et, par des sons fastidieux,
Troublait le charme et l'harmonie
De la fête de ces beaux lieux.
Pour combler les plus tendres nœuds,
Que cette union fasse naître
D'illustres rejetons nombreux,
Dans qui la patrie et le maître
Puissent en tout temps reconnaître
Des cœurs dignes de leurs aïeux !
A l'unanime et vrai suffrage
Et de la ville et de la cour,
Si du fond d'un simple ermitage
On peut allier en ce jour
Un champêtre et naïf hommage ;
Parmi les lauriers et l'encens,
Les roses, les myrtes naissans,
Dont les parfums et la parure
Entourent deux époux charmans,
La bonhomie à l'aventure
Vient mêler une fleur des champs
Le symbole des jeunes gens,
Et le bouquet de la nature.

SUR UN MARIAGE.

Les pompons, les vernis du temps,
L'esprit des mots, l'enfantillage,
Les gaîtés de tant de plaisans
Si facétieux, si pesans,
Le sophistique persifflage,
L'air singulier, les tons tranchans,
N'ornent point de leurs agrémens
Ce tribut d'un climat sauvage;
Loin des tourbillons enchanteurs
Du bel esprit et du ramage,
Loin des bons airs et de l'usage,
On n'a que les antiques mœurs,
Le bon vieux sens de son village,
De l'amitié, du radotage,
Un cœur vrai, de vieilles erreurs,
Avec un gothique langage.
Malgré ces défauts importans,
Ces misères du bon vieux temps,
Qui seraient l'absurdité même,
Et d'un ridicule suprême
Aux regards de nos élégans,
O vous, pour qui dans ces instans
J'ai repris avec confiance
Des crayons oubliés long-temps,
Pardonnez-en la négligence;
Ne voyez que les sentimens
Qui me tracent, malgré l'absence,
Vos fêtes, vos enchantemens,
Et me rendent votre présence.

ÉPITRE VIII.

Connaissant bien la sûreté
De votre goût sans inconstance,
Votre amour pour la vérité,
L'air naturel, la liberté;
Et le style sans importance,
Je vous livre avec assurance
Mon gaulois et ma loyauté;
Et vous m'aimerez mieux, je pense,
Dans toute mon antiquité,
Que si, séduit par mon estime
Pour la bruyante nouveauté,
Les grands traits, le petit sublime,
Et l'air de confiance intime
De tant de modernes auteurs,
Je visais au style, aux couleurs,
A cette empirique éloquence,
Au ton neuf et sans conséquence
De nos merveilleux raisonneurs,
Contemplés comme créateurs
D'un nouveau ciel, d'un nouveau monde;
Par cette foule vagabonde
De très-humbles littérateurs,
D'échos répandus à la ronde,
De perroquets admirateurs,
De sous-illustres, d'amateurs,
Qui vont répétant vers et prose,
Et d'autrui faisant les honneurs,
Pour se croire aussi quelque chose.
Mais je me sauve promptement;

SUR UN MARIAGE.

Je craindrais insensiblement,
Pour ma longue petite Épitre,
L'air d'ouvrage qu'assurément
Elle prendrait sans aucun titre.
　Si ces riens courent l'univers,
Et que par hasard l'on en cause
(Car tel est le destin des vers,
Un instant de vogue en dispose,
Et bien ou mal la rime expose
Au bruit, aux propos, aux faux airs,
Aux sots, aux esprits, à la glose
Des pédans lourdement diserts,
Des freluquets lilas ou verds,
Et des oisons couleur de rose,
Enfin à cent dégoûts divers
Que n'ont point Messieurs de la prose);
Si donc, élevés à l'honneur
D'une renommée éphémère,
Ces vers ont le petit malheur
De subir ce froid commentaire
De l'importance ou de l'humeur,
Malgré la déraison altière,
Et tout ennuyeux argument,
Leur gloire sera tout entière
S'ils plaisent au séjour charmant
Qui m'en dicta le sentiment,
Et les pare de sa lumière.

ÉPITRE IX.

AU ROI DE DANEMARCK.

Télémaque adoré du Nord,
Et cher à toutes les contrées
Où l'ardeur du plus noble essor
Guide vos traces desirées,
Et des plus belles destinées
A l'Europe annonce le sort;
Ainsi, dans le printemps de l'âge,
Dédaignant l'attrait du repos,
L'encens, l'étiquette, et l'usage,
Vous leur préférez les travaux,
Les observations du sage,
Et les fatigues du héros.
Le plus cher, le plus sûr présage,
Charme vos états fortunés :
Monarque illustre, pardonnez
Si j'ose écarter le nuage
Dont vos pas sont environnés,
Et si la candeur d'un sauvage
Dévoile la brillante image
De ce trône que vous parez.

AU ROI DE DANEMARCK.

Dans tous les climats honorés
De l'éclat de votre apanage,
En vain, grand roi, vous desirez
Échapper au public hommage;
En vain sous un nom emprunté
L'ineffaçable majesté
Veut se voiler et disparaître;
L'auguste et tendre humanité,
Les grâces, l'affabilité,
Vous font aisément reconnaître,
Et d'un peuple toujours vanté
Nomment l'ornement et le maître.
Vers de nombreuses régions,
Guidé par les heureux rayons
Du sentiment qui vous inspire,
Au vrai livre des nations
Votre génie a voulu lire
Ces traits premiers, sûrs et profonds,
Que tant de dissertations
N'ont pu que faiblement décrire.
Malgré les beaux raisonnemens
De tant de rêveurs à système
Qui prônent en longs argumens
Que l'homme partout est le même,
Tous les peuples sont différens;
Chaque climat a ses nuances :
Vos regards sûrs et pénétrans
En saisissent les différences.
Il n'est qu'un point dans ce moment

Qui les égale et les rallie;
Oui, ces contrastes de génie,
Et d'opinions et de goûts,
Prince aimable, s'éclipsent tous
Quand on vous voit paraître et plaire;
Et partout, ainsi que chez nous,
Tous les peuples n'auront pour vous
Qu'un suffrage et qu'un caractère.

ÉPITRE X.

AU ROI DE PRUSSE.

Du trône et des plaisirs voler à la victoire,
Par soi-même asservir des peuples belliqueux;
Au sein de la puissance, au faîte de la gloire,
  Penser en homme vertueux;
Aux arts anéantis donner un nouvel être,
Les protéger en roi, les embellir en maître;
Éclairer les mortels, et faire des heureux;
  Aux jours de gloire et de génie
  Des Césars et des Antonins
  C'était l'ouvrage de la vie,
Et les destins divers de divers Souverains :
Mais le héros nouveau de l'Europe étonnée

Sait faire des vertus, des talens, des travaux
 De tant de différens héros,
L'histoire d'un seul homme, et celle d'une année.

ÉPITRE XI.

L'ABBAYE.

A M. LE CHEVALIER DE CHAUVELIN,

alors à l'armée de Westphalie,

SUR L'ÉLECTION D'UN MOINE ABBÉ.

Facit indignatio versum. Juv.

D'une taverne monacale,
Où tout fermente en ce moment
Pour la patente abbatiale
Et le premier bât du couvent,
Très-indifférent que l'on nomme
Dom Luc, dom Priape, ou dom Côme,
Rempli d'un plus cher souvenir,
Dans la longue mélancolie
De ta fangeuse Westphalie,
Ami, je viens t'entretenir;
Et, malgré les ennuis extrêmes

ÉPITRE XI.

Où tes beaux jours sont arrêtés ;
Mon amitié dans ces lieux mêmes
Voit le plaisir à tes côtés.
Tandis que de l'urne fatale
Va sortir le destin brillant
De l'automate révérend
Que prétend mitrer sa cabale
Pour s'enivrer impunément
Sous sa crapule pastorale ;
Échappé de la pesanteur
Des moines au ton flagorneur,
Aux maussades cérémonies,
Et délivré de la longueur
De leurs assommantes orgies,
Je parcours ces bois, ces prairies,
Dont on va nommer le seigneur.
Oh ! qu'ici de l'erreur commune
Mon cœur moins que jamais épris
Des misères de la fortune
Conçoit aisément le mépris !
Quoi ! ces vergers, ces belles plaines,
Ces ruisseaux, ces prés, ces étangs,
Ces forêts de l'âge des temps,
Ces riches et vastes domaines,
Tout sera dans quelques instans,
A qui ?... Charmante solitude,
Séjour fait pour n'être habité
Que par l'heureuse liberté,
L'amitié, l'amour, et l'étude,

L'ABBAYE.

La sagesse, et la volupté,
De quelle vile servitude
Tu subis la fatalité!
Un obscur et pesant reptile,
Un être platement tondu,
Simulacre ignare, imbécille,
De la terre poids inutile,
Un moine, le portrait est vu,
Un moine va se voir ton maître!
Et cet épais et lourd cafard
Qu'ébaucha le ciel au hasard
Pour végéter, ronfler, et paître,
Grâce à la faveur du destin
Et d'une authentique patente,
De cent mille livres de rente
Va devenir le souverain!
Dans ce char que suivaient ses pères
L'âne mitré va se montrer,
Et régner sur ces mêmes terres
Qu'il était né pour labourer!
O vous, défuntes seigneuries,
Vous, preux barons à courts manteaux,
Hauts-justiciers, grands-sénéchaux,
Des antiques chevaleries
Vieux châtelains, mânes dévots,
Dont j'aperçois les armoiries
Sur les débris de ces châteaux,
Où de gros moines en repos,
Munis de vos chartres moisies,

ÉPITRE XI.

Broutent et boivent sur vos os,
Sans prier pour vos effigies,
Bons seigneurs, que vous étiez sots!
Vous avez cru de vos largesses
Doter l'Honneur, la Piété,
Et laisser avec vos richesses
Des pères à la Pauvreté;
Que le Dieu juste récompense
Vos benoites intentions!
Mais que l'avare et basse engeance
Qu'engraissent vos fondations
A bien trompé votre espérance!
Oh! quel peuple avez-vous renté?
L'hypocrite Perversité,
La lubrique Fainéantise,
La stupide Imbécillité,
L'Avarice, la Dureté,
La Chicane, la Fausseté,
Tous les travers de la Bêtise,
Et tous les vices qu'éternise
L'impure et brute Oisiveté.
Ces repaires de la Paresse,
Ces gouffres creusés par vos mains,
C'est là que s'abîment sans cesse
Les richesses des lieux voisins;
C'est pour ces massives statues,
C'est pour ce peuple de sangsues
Que le laboureur vertueux,
Accablé d'ans et d'amertume,

L'ABBAYE.

Avec des enfans malheureux
Veille, travaille, se consume
Dès que l'aube éclaire les cieux.
Ainsi, par des lois déplorables,
La douloureuse pauvreté
De tant de mortels respectables
Enrichit l'inutilité
De ces fainéans méprisables,
La fange de l'humanité !
Tels ces cadavres homicides,
Ces vampires de sang avides,
Des vivans éternels bourreaux,
Par les secours d'un art impie
Desséchant les sucs de la vie
Dans des corps livrés au repos,
S'engraissent au fond des tombeaux.

 O ma chère patrie ! ô France !
Toi chez qui tant d'augustes lois
De tes sages et de tes rois
Immortalisent la prudence,
Comment laisse-tu si long-temps
Ravir ta plus pure substance
Par ces insectes dévorans
Que peut écraser ta puissance,
Et dont l'inutile existence
Revient t'arracher tous les ans
Les moissons de tes plus beaux champs,
Et des biens dont la jouissance
Devait être la récompense

De tes véritables enfans?
Quels contrastes, dont ta sagesse
Pourrait affranchir tes états !
Je vois en proie à la paresse
Ce que le travail n'obtient pas.
Ce guerrier, qui dès sa jeunesse
T'immola ses biens, son repos,
Chargé du poids de sa tristesse
Et d'une indigente noblesse,
Après soixante ans de travaux
Traîne sa pénible vieillesse :
Ces esprits faits pour t'illustrer,
Pour te plaire, et pour t'éclairer,
Tous ces sages dont la lumière
Va dans les autres nations
Augmenter ta gloire première,
Souvent dans toute leur carrière
Négligés, privés de tes dons,
Meurent méconnus de leur mère :
Au sein d'un champ infructueux,
Sans soulagement, sans salaire,
Ce prêtre pauvre et vertueux,
Environné de la misère,
Triste pasteur des malheureux
Qu'il édifie et qu'il éclaire,
Les console, et souffre plus qu'eux.
C'est sur ces hommes nécessaires
Que tes bienfaits sont invoqués ;
Qu'à changer leurs destins contraires.

L'ABBAYE.

De tant d'avortons solitaires
Les biens oisifs soient appliqués ;
De l'abîme des monastères
Qu'à ta voix ils soient évoqués ;
Et renvoie au soc de leurs pères
Tant de laboureurs enfroqués.
Tes arts divers te redemandent
Tant d'hommes mis au rang des morts,
Tes droits, tes besoins les attendent
Sous tes drapeaux et dans tes ports.
La postérité gémissante
Un jour regrettera ces biens ;
Et l'humanité languissante
Perdant des pères, des soutiens,
A ces gouffres qui t'appauvrissent,
Des races qui s'anéantissent
Redemande les citoyens.
Contemple tes champs et tes villes ;
Vois tes pertes et ton erreur.
Autour de ces riches asiles
Où cet avare possesseur,
Ce moine absorbe avec hauteur
Tous les fruits de ces bords fertiles ;
Que d'hommes qui seraient utiles
A ta richesse, à ta grandeur,
Maudissant leurs efforts stériles,
Dépérissent dans la douleur !
Ils craignent le titre de père,
N'ayant à laisser que des pleurs

ÉPITRE XI.

Aux héritiers de leurs malheurs ;
Ils te privent dans leur misère
D'un peuple de cultivateurs,
De tes biens le plus nécessaire.
 Ami, je devine aisément
Que, pour dérider la morale
De ce sérieux argument,
Tu me réponds en ce moment
Que, sous le sceau du sacrement
Et de la couche nuptiale,
A l'État ordinairement
On voit l'espèce monacale
Fournir aussi son contingent :
Je le sais ; mais dis-moi toi-même
Que servent au bien de l'État
Ces fruits impurs du célibat
Nés dans l'opprobre et l'anathème?
Quels sont les monumens honteux
De tous ces sacrés adultères?
Des fils plus vils, plus paresseux,
Et plus abrutis que leurs pères.
A l'aspect de leurs biens nombreux
Si l'on pouvait sans injustice
Se consoler de voir ces lieux
Livrés par nos simples aïeux
A l'héréditaire avarice
De ces possesseurs odieux,
On serait consolé sans doute
De les voir vivre sans jouir,

L'ABBAYE.

Sans sentiment et sans plaisir :
Tout s'anéantit sur leur route ;
Sous leur main tout vient se flétrir.
En vain ces asiles champêtres
Ne demandent qu'à s'embellir,
Leur sauvage état peint leurs maîtres.
Ah! que dans ces lieux enchantés,
Mais où les pas de l'Ignorance
Sont imprimés de tous côtés,
Le Goût, l'heureuse Intelligence,
Pourraient ajouter de beautés!
La nature sur ces rivages
Répandant ses dons au hasard,
Y semble encore inviter l'art
A la servir de ses ouvrages.
A travers ces vastes forêts
Quelle scène, quelle étendue,
Si de tous ces chênes épais
Qui vont se perdre dans la nue
Perçant, divisant les sommets,
On laissait errer notre vue!
Vingt sources des plus vives eaux
Qui descendent de ces montagnes
Jailliraient au sein des campagnes,
Si par de faciles canaux
L'art en rassemblait les ruisseaux :
En desséchant ces marécages
D'où sortent d'épaisses vapeurs,
Un gazon couronné de fleurs

ÉPITRE XI.

Enrichirait ces pâturages,
Et d'un air sain et sans nuages
Tout respirerait les douceurs.
Mais, grâce à l'ame avare et dure
De ces possesseurs abrutis,
Les plus beaux dons de la nature
Sont dégradés, anéantis,
Partout où gît leur race obscure.

  Pour l'honneur de l'humanité,
Malgré cet empire durable
Ces erreurs que l'antiquité
Marque de son sceau vénérable,
J'ose croire qu'un temps viendra
Où tant de richesses oisives,
Que le monachisme enterra,
Cesseront de rester captives,
Et qu'on reverra de ces biens
Couler enfin les sources vives
Sur les utiles citoyens.

  O toi, l'arbitre de mes rimes,
Ami d'Homère et de Platon,
De ces lumineuses maximes
Tu ne peux qu'approuver le ton ;
Un bigot y verra des crimes ;
Tu n'y verras que la raison.
Tu sais qu'à la religion
Toujours sincèrement fidèle,
Rempli de respect et de zèle,
Je briserais tous mes pinceaux

L'ABBAYE.

Plutôt que d'offrir des tableaux
Indignes de l'honneur et d'elle.
Eh! qu'ai-je en effet prétendu?
Je n'attaque point les asiles
Où le Savoir et la Vertu
Ont réuni leurs domiciles.
Que l'intérêt de l'univers,
Que l'estime de tous les âges,
Conservent dans leurs avantages
Ces établissemens divers
A qui la patrie illustrée
Doit Bourdaloue et Massillon,
Calmet, Sanlecque, Mabillon,
Malbranche, Vanier, et Porée,
C'est de ces temples permanens,
Dépôts sacrés et vénérables,
Que toujours les doctes talens,
Les sciences, les monumens,
Les lumières inaltérables,
Et quelquefois les dons brillans
Du génie et des arts aimables
Se transmettront à tous les temps;
Qu'ils vivent! qu'au bien de la France
Concourant sans division,
Ils mettent tous d'intelligence
Une barrière à l'ignorance,
Un frein à l'irréligion!
Mais pour toutes ces abbayes,
Ces ruineuses colonies,

ÉPITRE XI.

Que sous les belgiques climats
Nous rencontrons à chaque pas,
Gouffre où des êtres inutiles
Entassent de leurs mains stériles
Tant de biens qui n'en sortent pas ;
Quand verrai-je une loi nouvelle,
Appliquant mieux leur revenu,
En ordonner sur le modèle
D'un apologue que j'ai lu ?
  Dans je ne sais quelle contrée,
Au temps du monde encor païen,
Un peuple (le nom n'y fait rien),
Voyant diminuer son bien
Par une disgrâce ignorée,
D'un dieu de la voûte azurée
Un jour réclama le soutien.
En vain l'active Vigilance,
Tous les travaux et tous les arts
Avaient tout fait d'intelligence
Pour ramener de toutes parts
Et le commerce et l'abondance ;
L'or disparaissait tous les jours,
Et dépouillé de ce secours,
Le nerf et l'ame de la vie,
L'oisif artisan languissait ;
L'indigente et triste patrie
Ne pouvant gager l'Industrie,
Tout commerce s'affaiblissait,
L'État épuisé périssait.

L'ABBAYE.

Le dieu, touché de leur misère,
Et voulant du commun repos
Écarter les secrets fléaux,
Descend du ciel à leur prière :
Il s'ouvre les secrets chemins
D'une caverne souterraine
Échappée aux yeux des humains,
Et dont la profondeur le mène,
Par mille détours ambigus,
Au centre du vaste domaine
Des enfans de Sabasius (a) ;
Là, grâce à d'antiques ténèbres,
Des gnomes en lambeaux funèbres
Sont couchés sur des monceaux d'or,
Occupés, enivrés sans cesse
Du sot aspect d'un vain trésor,
Puissans et fiers dans leur bassesse,
Et, par un stupide plaisir,
Privant l'homme de la richesse
Dont leur opaque et vile espèce
Est incapable de jouir.
 Le dieu parle ; à sa voix puissante,
Subalternes divinités,
Les gnomes, frappés d'épouvante,
Au sein de la terre tremblante
Se sont déjà précipités.
 Cet or, que leurs mains meurtrières

(a) Le père des gnomes.

Ne prétendaient qu'accumuler,
Versé dans les sources premières,
Recommença de circuler;
Le Travail eut sa récompense,
Les Arts reprirent leur vigueur;
Ranimés par la jouissance
Et relevés de leur langueur,
Les Talens au sein de l'aisance
Renouvelèrent leur splendeur·
Et, fort de toute sa substance,
L'État vit avec l'abondance
Renaître l'ordre et le bonheur.

Puisse un jour la main triomphante
Et pacifique et bienfaisante
D'un roi sensible et généreux,
Consacrer son empire heureux
En réformant l'abus antique
Du brigandage monachique
Et tout ce peuple infructueux
A ses provinces onéreux!
Qu'il renouvelle dans sa gloire,
Pour la félicité des siens,
Le spectacle que la victoire
Vient d'offrir aux bords indiens!

Tous les ans aux champs de Golconde
Le plus riche des potentats
Rassemblait de tous les climats
Les trésors que transporte l'onde;
Par un tribut toujours nouveau

Toutes les richesses du monde
Aboutissaient dans ce tombeau.
Thamas paraît : le destin change.
Au nouveau Gengis-Khan du Gange
Ces vastes trésors sont ouverts ;
Son bras vainqueur leur rend la vie,
Et tout l'or qu'enterrait l'Asie
Va circuler dans l'univers.

ÉPITRE XII.

A M. DE BOULONGNE,

CONTRÔLEUR-GÉNÉRAL.

Ministre aimable, heureux génie,
Que le bonheur de la patrie
Appelle aux travaux de Colbert,
Dans cette cour qui de concert
Vous félicite et vous implore,
Pouvez-vous reconnaître encore
Une voix qui vient du désert ?
Depuis l'instant où la puissance
Du plus chéri des Souverains
A remis dans vos sages mains

ÉPITRE XII.

L'urne heureuse de l'abondance
Pour la splendeur de nos destins,
Des importuns de toute espèce,
Des ennuyeux de tous les rangs,
Des gens joyeux avec tristesse,
Des machines à complimens
Vous auront excédé sans cesse
De fadeurs, de propos charmans,
Déployant avec gentillesse
L'ennui dans tous ses agrémens :
Vous avez essuyé sans doute
Le poids des discours arrangés ;
Les protecteurs, les protégés,
Tout s'est courbé sur votre route.
Les grands entourent la faveur ;
La foule vole à l'espérance ;
Tout environne, tout encense
Le temple brillant du bonheur :
Vous aurez vu toute la France.

Moi qui, séparé des vivans,
Dans ma profonde solitude,
Ignore le jargon des grands
Et celui de la multitude,
Je ne viens point d'un vain encens
Surcharger votre lassitude
De gloire et d'applaudissemens ;
Je déplorerais au contraire
Les travaux toujours renaissans,
Et le joug où le ministère

A M. DE BOULONGNE.

Vient attacher tous vos momens,
Si je n'aimais trop ma patrie
Pour plaindre les brillans liens
Dont elle enchaîne votre vie.
Elle parle, il faut que j'oublie
Tous vos intérêts pour les siens.
Pardonnez ce brusque langage
Aux mœurs franches de mon séjour;
C'est le compliment d'un sauvage,
Qui loin de la langue du jour;
Loin des souplesses de l'usage,
Et trouvant pour vous son hommage
Gravé dans un cœur sans détour,
N'en veut pas savoir davantage.
Si je mêle si tard ma voix
A l'allégresse générale,
L'ignorance provinciale
N'excuse pas ses tristes droits.
Réduit, pour toute nourriture,
A m'instruire, à m'orner l'esprit,
Dans la Gazette ou le Mercure,
Sur ce qui se fait et se dit,
Je ne sais rien qu'à l'aventure;
Je parle quand il n'est plus temps,
Et les nouvelles ont mille ans
Quand l'imprimeur me les assure.
Ce n'est que dans ces lieux brillans
Qu'enrichit la Seine féconde
Des heureux tributs de son onde

ÉPITRE XII.

Que l'on sait tout, que l'on sait bien;
Ailleurs on n'est plus de ce monde,
On sait trop tard, on ne sait rien.
  O province, que ta lumière
Languit sous des brouillards épais!
Et sur les plus simples objets
Quelle stupidité plénière!
Un seul trait parmi les journaux
De l'imbécillité profonde
De nous autres provinciaux
Montre combien dans nos propos
Nous sommes au fait de ce monde,
Et présente dans tout leur jour
Notre force et nos connaissances
Sur les nouvelles et la cour,
Sur l'usage et ses dépendances.
Ce trait excusera mon zèle
De vous être si tard offert,
Grâce à l'éclipse habituelle
Dont notre mérite est couvert.
Mon anecdote n'est pas neuve;
Mais les provinciaux passés
Sont trop dignement remplacés
Pour que le temps nuise à ma preuve.
Quand Vardes revint à la cour,
Rappelé par la bienfaisance,
Après un très-mortel séjour
De province et de pénitence,
Louis quatorze, avec bonté,

A M. DE BOULONGNE.

S'informant du genre de vie
Qu'il avait mené, du génie,
Du ton de la société
Au lieu qu'il avait habité :
« Sire, excellente compagnie,
» De l'esprit comme on n'en a point,
» Gens charmans, instruits de tout point,
» Et d'une ressource infinie.
» Ce sont des conversations
» Incroyables, fort amusantes ;
» Il s'y traite des questions
» Très-neuves, très-intéressantes.
» Par exemple, quand je partis,
» On avait mis sur le tapis
» Un problème assez difficile,
» Et sur lequel toute la ville
» Parlait sans pouvoir s'accorder :
» La question était critique ;
» Il s'agissait de décider
» Une matière politique,
» Et qui, de votre majesté,
» Ou de Monsieur, était l'aîné. »
   Sur notre gauloise ineptie
C'est trop arrêter vos regards ;
Tandis que la gloire, les arts,
Et le bonheur de la patrie
Vous occupent de toutes parts,
Tandis que votre main féconde
Soutient, dans ses brillans travaux,

A M. DE BOULONGNE.

Le pavillon et les drapeaux
Du pacificateur du monde,
    Puissent mon hommage et mes vers
Vous être heureusement offerts,
Loin du bruit de la galerie,
Loin du chaos des supplians,
Quand vous viendrez quelques instans
Respirer à la tuilerie!
C'est dans ce séjour enchanteur,
Palais de Flore et de Minerve,
Que le premier fruit de ma verve
Reçut le prix le plus flatteur
Des suffrages dont je conserve
Un souvenir cher à mon cœur;
C'est dans ces beaux lieux que j'espère
Aller quelque jour vous offrir
Le pur encens d'un solitaire,
Avec les fruits de son loisir;
Et dans les différentes classes
D'originaux, valant de l'or,
Dont j'ai peint, dans un libre essor,
L'esprit, la sottise, et les grâces,
Vous trouverez peut-être encor
Que, même sous un ciel barbare,
J'ai sauvé de l'obscurité
Un rayon de cette gaîté
Qui devient aujourd'hui si rare;
Quoique très-bonne à la santé.

ÉPITRE XIII.

A M. LE COMTE DE ROCHEMORE.

Élève et successeur d'Horace,
De Despréaux et d'Hamilton,
Vous qui nous ramenez leur ton,
Et leur coloris et leur grâce,
Sans effort, sans prétention,
Sans intrigue, et sans dédicace;
O vous, dont l'aigle et les zéphyrs
Guident au gré de vos desirs
La route toujours neuve et sûre,
Peintre brillant de la nature,
De la sagesse et des plaisirs;
Quand vous dérobez à notre âge
Des tableaux que la vérité,
Et le génie, et la gaîté
Ont marqués, par la main d'un sage,
Du sceau de l'immortalité;
Dites-moi, divin solitaire,
Dites, par quelle cruauté
Rappelez-vous à la lumière
Un phosphore, une ombre légère

Qu'ont tracé mes faibles crayons,
Et dont la lueur passagère
S'efface aux feux de vos rayons?
Sur les songes de ma jeunesse
Laissez les voiles de l'oubli;
Que mon désert soit embelli
Par votre main enchanteresse :
Voilà le seul lien de fleurs
Par qui je veux tenir encore
A cet art qu'on profane ailleurs,
Et que la raison même adore
Quand il brille de vos couleurs.
Prenez cette lyre éclatante
Qui, par ses sons majestueux,
Maîtrise mon ame, m'enchante,
M'élève à la hauteur des cieux;
Ou que ce facile génie
Qui, de la céleste harmonie
Sait descendre aux délassemens
D'une douce philosophie,
M'offre encor ces amusemens,
Ces écrits sans cajolerie,
Sans satire, sans basse envie,
Ces écrits nobles et rians,
Sans pesante bouffonnerie,
Où la gaîté, jointe au bon sens,
Crayonne l'humaine folie
Sous les traits heureux et brillans
De la bonne plaisanterie,

Dont tout le monde a la manie,
Et qu'atteignent si peu de gens.
Mais, par malheur pour qui vous aime
Ne confiant rien qu'à regret,
Toujours mécontent de vous-même,
Vous voulez être trop parfait,
Et dans votre trop beau système
Un ouvrage n'est jamais fait.
Contre mes vœux et mes instances
Tous vos prétextes sont usés :
Soyez moins parfait, et lisez ;
J'aime jusqu'à vos négligences.
Pourquoi vous ravir si souvent
A l'amitié qui vous rappelle,
Et lui cacher si constamment
Des trésors qui sont faits pour elle ?
Sauvage enfant de Philomèle,
Vous êtes cet oiseau charmant
Qui, sous la verdure nouvelle,
Content du ciel pour confident
De la tendresse de son chant,
Semble fuir la race mortelle,
Et s'envole dès qu'on l'entend.

ÉPITRE XIV.

AU P. BOUGEANT.

L'auteur commence cette épître par féliciter en prose le P. Bougeant de son retour de la Flèche, où il avait été exilé à l'occasion de son Amusement Philosophique sur le langage des bêtes ; puis il continue ainsi :

<blockquote>

Or, au sortir du monument
De cette Flèche tant maudite,
Votre révérence en son gîte
A trouvé bien du changement.
Dans ce réduit (a) où la sagesse
Des beaux arts allumait l'encens,
Cette vapeur enchanteresse,
Ce café, l'ame de nos sens,
Et des feux d'une aimable ivresse,
Embrasait ses plus chers enfans ;
Au lieu des muses solitaires,
Compagnes des plaisirs parfaits,

</blockquote>

(a) Endroit où s'assemblaient les journalistes de Trévoux pour concerter leurs extraits.

AU P. BOUGEANT.

Au lieu des lauriers ordinaires,
Vous n'avez trouvé qu'un cyprès.
  O douleur! ô sort peu durable
De nos frêles humanités!
Ce Stentor des paternités
Qui paraissait muni d'un râble
Cimenté pour l'éternité,
Après dix lustres de santé,
Cet ami, ce savant aimable,
L'historien des noms en *us*,
Le pauvre Rouillé (*a*) n'est donc plus!
Et la Parque a tranché le câble
Par qui ses jours semblaient tenir
A toute la race à venir.
De rejoindre sitôt ses pères,
Puisque rien ne l'a su parer,
Apprenez, estomacs vulgaires,
A trépasser sans murmurer.

  Un autre vide, une autre perte,
Je dirais presque une autre mort,
De votre demeure déserte
Avait encor changé le sort.
Vous n'avez plus trouvé ce sage (*b*)
Qui, par le plus rare assemblage,
Unit à la sublimité

(*a*) Auteur d'une Histoire romaine.
(*b*) Le P. Brumoi, qui avait été transféré du collége de Louis-le-Grand à la maison professe, pour continuer l'Histoire de l'Église gallicane.

ÉPITRE XIV.

D'un génie heureux et vanté
Les mœurs simples du premier âge,
Et l'heureuse naïveté
Qui guidait l'ame et le langage
De cette bonne antiquité.
Quelle triste fatalité !
Exilé d'un libre ermitage
Au pays de la gravité,
Quoi ! l'interprète d'Euripide,
D'Eschyle, Sophocle, et des dieux,
Cet esprit dont le vol rapide
Suivait les aigles jusqu'aux cieux,
Loin des arts et de la lumière,
Compilateur infortuné,
Aux vieux parchemins condamné,
En va dévorer la poussière
En bénédictin décharné !
Et les pinceaux faits pour la gloire
Vont, dans une pesante histoire,
Tracer des faits aventurés,
De monacales anecdotes,
Et l'origine des calotes,
Et l'Iliade des curés !
Mais à ce sombre ministère,
Si peu fait pour son caractère,
Quand vous le croirez consacré,
Vous le trouverez enterré.
 O vous donc qui vivez encore,
Vous, le dernier de ces Romains,

AU P. BOUGEANT.

De vos jours rendus plus sereins
N'obscurcissez aucune aurore
Dans l'antre noir, où le chagrin,
Parmi Lactée et Métrodore,
Et Fonsèque et Cassiodore,
Tient les ennuis en maroquin :
A vos amis toujours aimable,
Toujours vertueux et charmant,
Dédaignant la voix misérable
De cette envie inaltérable
Du délateur et du pédant,
Vivez; et si, chemin faisant,
Vous passez jusqu'au manoir sombre
Où gît Brumoi, loin des vivans,
En mon nom offrez à son ombre
Des fleurs, ces vers, et mon encens.

ÉPITRE XV.

A MM. LES DUCS DE CHEVREUSE ET DE CHAULNES,

A L'ARMÉE DE FLANDRE. 1747.

Ce dieu que la nature entière
Rappelait pour la rajeunir,
Ce printemps qui, dans sa carrière,
Devrait ne voir que le plaisir,
Vient donc de rouvrir la barrière,
Des fureurs et du repentir
A l'extravagance guerrière !
Quand Vénus, Vertumne, Zéphyr,
La Volupté, que tout respire,
Et qui réveille l'univers,
Devraient n'offrir que les concerts
De la musette et de la lyre,
La trompette trouble les airs ;
Et l'Amour s'alarme et soupire
En voyant sortir des enfers
Des cyprès, des lauriers, des fers,
La Mort, la Gloire, et le Délire.

A M. DE CHEVREUSE, etc.

Ces masses de bronze et d'airain,
Où l'art sinistre de la guerre
Renferme les feux du tonnerre,
Déjà sur leur affreux chemin
Écrasent dans le sein de Flore
Les myrtes, les roses, le thym,
Qu'un ciel plus doux faisait éclore.
Déjà le laboureur déplore
Ses sillons foulés et détruits.
Au lieu des plantes et des fruits
Dont elle allait être parée,
La terre aride et déchirée
Se couvre d'un horrible amas
De tentes, d'armes, de soldats;
Et cette mère languissante
Gémit en voyant ses enfans
Étouffer la moisson naissante
Pour se creuser des monumens.

O vous qu'à regret j'envisage
Dans ces dangers et ces travaux,
Vous qui les cherchez en héros,
Et les voyez des yeux du sage,
Quand reverrai-je l'heureux temps
Où, la paix calmant les ravages,
Et laissant vivre les vivans,
Vous reviendrez sur nos rivages
Cueillir les fleurs de vingt printemps,
Et partager sous nos ombrages
Le sort sensé des bonnes gens,

ÉPITRE XV.

Loin des querelles d'Allemands,
Des pandoures antropophages,
Et tels autres mauvais plaisans !
Hâtez-vous sous l'astre propice
D'un roi que suivent constamment
L'Amour, la Victoire, et Maurice :
Consommez l'asservissement
De ces fiers et faibles Bataves
Qui, craignant leur dernier moment,
Viennent tumultuairement
De se redonner des entraves
Proscrites solennellement
Par leurs ancêtres moins esclaves;
A notre destin immortel
Ramenez ces momens illustres,
Ces conquêtes dont le Texel
Tremble encore après quinze lustres.
Quel boulevard résistera
Au vainqueur qui le redemande?
Le même Mars règne, commande;
Le même sort obéira.
Sur les remparts de la Hollande
Allez, arborez la guirlande
Des lis qu'ils ont portés déjà;
Et ramenez à l'Opéra
Les présidentes de Zélande
Et les baronnes de Bréda ;
Afin que, si l'effroi, la haine,
Ou le vain désespoir entraîne

A M. DE CHEVREUSE, etc.

Les époux à Batavia,
On puisse, comme il conviendra,
Consoler la haute puissance
De leurs veuves pendant l'absence ;
Et que jonquille et nacara
Fassent les honneurs de la France
A la sotte qui les prendra.

Mais quelle vaine et chère image
M'entretient déjà du retour,
Quand nous sommes si loin du jour
Qui doit finir votre esclavage?
Jusque-là quel affreux tourment!
Quel vide! quel désœuvrement!
Que d'ennui, qu'en vain on évite,
Et qu'on retrouve à tout moment,
Vous attend, vous suit, vous agite!
Que le camp le plus triomphant
Pèse au vrai sage qui l'habite!
Au milieu des sots embarras,
Des longs dîners et du fracas
De tant de gens braves et plats
Que l'éternelle Flandre assemble,
Je ne vous plaindrai pourtant pas,
Si vous êtes souvent ensemble
Dans ce pays triste et perdu,
Vous trouvez et vous pouvez rendre
La douceur de causer, d'entendre,
Et le plaisir d'être entendu :
Parmi les ennuis de la gloire,

ÉPITRE XV.

L'air grivois et le mauvais ton
De ce peuple à cravate noire,
Qui n'a de conversation
Que pour dîner avec Grégoire
Ou pour souper avec Fanchon :
Dans cette troupe non lettrée
De petits messieurs si parfaits,
Si ridicules, si guinguets,
Dans la populace dorée
De jeunes et vieux freluquets,
L'un de l'autre ressource heureuse,
Vous vous dédommagez tous deux
De tant de milliers d'ennuyeux
Qui bordent la Dyle et la Meuse ;
Et, sous les tonnerres de Mars
Philosophes libres et calmes,
Des muses et de tous les arts
Vous joindrez les fleurs à ces palmes
Qui couronnent vos étendards :
Ainsi sous le ciel atlantique,
Et près du tombeau de Didon,
Lelius avec Scipion
Retrouvait Rome dans l'Afrique ;
Dans cette pompe et ce fracas
De faisceaux, d'aigles, de combats,
Aux champs du barbare Gétule,
Tous deux se rendaient les loisirs,
Les arts, la langue, les plaisirs
Et de Tibur et de Tuscule.

A M. DE CHEVREUSE, etc.

Faits, comme eux, pour les agrémens
De l'heureuse philosophie,
Vous adorez les arts charmans
De l'Attique et de l'Ausonie.
Et ce n'est point la flatterie
Qui vous joint à ces noms brillans
Dans le temple de Polymnie;
Détestant le fade jargon
De la basse cajolerie,
Je ne chante que la raison,
La vertu, l'ame, le génie;
Et je ne donne rien au nom,
A qui la foule sacrifie.
Oui, si vous n'aviez à mes yeux
Que les rangs, les titres nombreux
Des ducs, des pairs, des connétables,
Mes hommages indépendans
N'inscriraient pas vos noms durables
Dans les fastes vainqueurs des temps :
Des esprits vrais et raisonnables,
Pensant par eux, invariables,
Malgré les phosphores divers
Et tous les pompons méprisables
Qui coiffent ce plat univers;
Des grands, sans bassesse et sans airs,
Instruits sans cesser d'être aimables;
Des cœurs toujours irréprochables
Dans un séjour faux et pervers :

Voilà les héros véritables
Et de mon ame et de mes vers.

E ben sa Roma che l'onor primiero
Di nostre muse è lo splendor del vero.

Guidi.

ÉPITRE XVI.

A M. DE TOURNEHEM,

Directeur et ordonnateur-général des bâtimens du Roi, sur la colonne de l'hôtel de Soissons.

Vous à qui les enfans d'Apelle,
De Phidias, de Praxitèle,
Vont devoir des progrès nouveaux,
Rendez à d'antiques travaux
Une gloire toute nouvelle;
Sauvez-les du sein des tombeaux,
Et qu'ils consacrent votre zèle.
Dans les ruines d'un palais
Dont l'architecture grossière
Ne pouvait laisser de regrets,
En retombant dans la poussière,

A M. DE TOURNEHEM.

Vaste enceinte, informe carrière,
Qui n'offre plus que les débris
Des murs qu'éleva Médicis;
Il est un ouvrage durable,
Que deux siècles ont respecté,
Et dont notre âge est redevable
Aux yeux de la postérité :
Cependant à son jour suprême
Ce monument semble arrivé,
Et peut-être en cet instant même
Le fer destructeur est levé.
Aux yeux d'un adjudicataire
Qui calcule et ne pense pas,
Cet ouvrage, peu nécessaire,
N'est que du fer et qu'un amas
De pierres qu'il vend à l'enchère :
Souffrirait-on ce trait honteux
D'une gothique barbarie
Dans les jours les plus lumineux
Des talens et de l'industrie ?
Déjà cette ville chérie,
Cette souveraine des arts
Et des agrémens de la vie,
Qui les verse de toutes parts
Sur l'univers, qui l'étudie
Et tient sur elle ses regards;
Paris, le temple du génie,
Offre trop peu de monumens
Où Rome, Athène, Alexandrie,

Consacraient les faits éclatans,
La puissance de la patrie,
Et le témoignage des temps.
Privés d'une magnificence
Si commune aux peuples divers
Qui régnèrent avant la France
Sur les arts et sur l'univers,
Verrions-nous dans notre indigence
Le vil intérêt, l'ignorance,
Prévenir les efforts des ans,
Et de nos embellissemens
Précipiter la décadence
Dans ces mêmes jours si brillans
Où l'heureuse Paix, l'Abondance,
Et tous les Plaisirs renaissans
Vont ranimer d'intelligence
Tous les arts et tous les talens ?
Tandis qu'il en est temps encore,
Détournez d'odieuses mains,
Vous que l'architecture implore
Contre leurs efforts inhumains ;
Qu'échappée aux premiers outrages
Qui menacent ses fondemens,
Cette colonne à tous les âges
Transmette d'illustres images
De la splendeur de notre temps,
Et pour de plus heureux usages
Reçoive d'autres ornemens ;
Car, dans mes craintes pour sa gloire,

A M. DE TOURNEHEM.

Je ne regrette point ici
L'astrologique observatoire
Que Médicis avait bâti
Pour le chimérique grimoire
De Gauric et de Ruggéri ;
Non, c'est déjà trop de l'histoire
Pour ces faits dignes de l'oubli,
Sans que le ciseau doive aussi
En éterniser la mémoire.
Qu'illustre, changé, rajeuni,
Ce monument soit enrichi
Des attributs de la victoire,
Et que Lawfelt ou Fontenoi
Y gravent l'immortelle gloire
Et les travaux du plus grand roi.
La colonne qu'Apollodore
Jadis érigea pour Trajan
De celle qui nous reste encore
Nous dicte l'usage et le plan ;
Rivale du culte héroïque
Dont Rome honora les vertus,
Que la COLONNE LODOÏQUE
Offre d'aussi justes tributs.
Trop étranger dans l'apanage
Et du Bramante et du Bernin,
Oserai-je de cet ouvrage
Ébaucher un faible dessin ?
C'est peut-être une rêverie
Que ma muse crayonnera;

Mais c'est rêver pour la patrie,
Et l'objet me justifira.
 Au lieu de la sphère armillaire
Que la colonne élève aux cieux,
Plaçons l'image auguste et chère
D'un monarque victorieux,
Et que ce phare lumineux,
Au-dessus du rang ordinaire
Des monumens de nos aïeux,
Sur le bronze et l'or, à nos yeux
Présente l'astre tutélaire
De tant de triomphes fameux.
Et tandis que ce noble hommage,
Trophée unique en nos climats,
Et digne du goût de notre âge,
Qu'ailleurs une place immortelle
S'élève au héros de la paix,
Monument brillant et fidèle
De l'amour, du respect, du zèle,
Et des talens de ses sujets ;
Les ministres de Calliope
Y graveront le nom sacré
D'un monarque, heureux, adoré,
Et le bienfaiteur de l'Europe.

ÉPITRE XVII.

SUR L'ÉGALITÉ.

Tout est égal après les dieux.
Le même jour, la même argile,
Nous donna les mêmes aïeux;
Et malgré ces tributs honteux
D'une dépendance servile,
Que l'opinion imbécile
Paie à des titres fastueux,
Exempte d'un culte hypocrite,
La raison ne connaît de rangs
Que ceux que donne le mérite,
Et de titres que les talens
Sur la liste qu'elle a des hommes
Peu de noms se trouvent écrits.
Trop souvent les riches lambris
N'enferment que de vains fantômes,
Le vil objet de ses mépris;
Tandis que sous un toit vulgaire,
Loin de l'insolence et des grands,
Aux pieds d'un mortel solitaire
Elle va porter son encens.

ÉPITRE XVII.

Toi, qu'elle suit et qu'elle éclaire,
Toi, qui ne t'es jamais prêté
Aux bassesses de l'imposture,
Toi, dont l'inflexible droiture
N'a jamais encore écouté
Que les règles de la nature
Et que l'austère vérité;
Viens, ami, fuyons les idoles
Que fabriqua la vanité :
Convaincus de l'égalité,
Vengeons contre des dieux frivoles
L'injure de l'humanité;
Et, libres d'un hommage infâme,
Loin de la foule relégués,
Ne distinguons que ceux que l'ame
Et les talens ont distingués.
Quels sont donc aux yeux des vrais sages
Les talens, ce céleste don ?
Tout en usurpe les hommages,
Et tout en profane le nom.
Appartient-il ce nom sublime
A tous ces arts laborieux
Nés du luxe qui les anime,
Et du besoin industrieux ?
Ainsi donc confondus sans cesse,
Le hasard, l'instinct et l'adresse,
Sous ce nom viendraient se placer
Au même degré de noblesse
Que la dignité de penser.

SUR L'ÉGALITÉ.

Parmi l'aveugle multitude,
Et chez le vulgaire des grands,
L'industrie et la docte étude
N'ont point de grades différens :
Les plus nobles fruits de nos veilles
N'y trouvent pas d'autre destin
Que les mécaniques merveilles
Ou de la voix ou de la main,
Et dans cette estime stupide
On voit ensemble confondus
Horace avec Tigellius,
Et Praxitèle et Thucydide,
Et Cicéron et Roscius.
Mais la fière philosophie,
Instruite sans prévention
Que souvent le même génie
Est un aigle chez l'industrie,
Un insecte chez la raison,
Ne souffre point qu'un même nom
Honore sans distinction
Ce qui végète et ce qui pense,
Ni qu'on associe à ses yeux
La matière et l'intelligence,
Les automates et les dieux.
Fidèle aux lois qu'elle m'inspire,
Je n'appelle ici les talens
Que l'art de penser et d'écrire,
L'art de peindre les sentimens,
Et que les dons de ce génie

SUR L'ÉGALITÉ.

Qui fait dans des genres divers
Les oracles de la patrie
Et les maîtres de l'univers.
Qu'on ne pense point qu'idolâtre
Des lyriques divinités,
Je n'aille offrir que leur théâtre,
Ou que leurs antres écartés.
Tous les esprits ont mon hommage;
J'adore Homère et Cicéron,
Démosthène, Euclide, et Platon;
Et, pour embellir la raison,
Si du poétique rivage
Aujourd'hui j'emprunte le ton,
Qu'au hasard et sans esclavage
La rime s'offre à mon pinceau,
Je m'arrête au vrai de l'image
Et non au cadre du tableau.
Loin du palais où l'opulence
Attire un peuple adulateur,
Loin de l'autel où l'on encense
Le fantôme de la grandeur,
Dans une heureuse solitude
La raison règne, et sous ses lois
Y rassemble ces esprits droits
Échappés à la servitude
Des préjugés et des emplois.

ÉPITRE XVIII.
A MADAME DE GÉNONVILLE.

Les fleurs dont l'Amour se couronne
Et que voit naître le printemps,
Aux trésors tardifs de l'automne
Viennent mêler leurs ornemens,
Et de leurs bouquets éclatans
Rajeunir le sein de Pomone;
Ainsi par un heureux destin
Du temps jaloux bravant l'outrage,
Ton esprit charmant et badin
Jette des fleurs sur son passage:
Et fait briller le soir de l'âge
De tout l'éclat de son matin.
Poursuis, aimable Génonville,
Embellis-toi de ta gaîté;
Que par ta voix tendre et facile
Le vif et joyeux vaudeville
Souvent à table soit fêté,
Et par les Plaisirs invité
S'y place au sein de sa famille,
Lorsque le nectar qui pétille

A MADAME DE GÉNONVILLE.

Sous les bouchons emprisonné,
Court remplir le cristal fragile
Où, brillant d'un éclat mobile,
Il sourit à l'œil étonné.
    Quelquefois attendant l'aurore
Au milieu des jeux et des ris,
Livre tes pas à Therpsychore,
Dis des bons mots à tes amis.
L'amitié, que ton cœur adore,
Loin de toi bannit les soucis;
Mais pour mieux les chasser encore
Tu t'occupes des bons écrits
Que le bon siècle vit éclore :
Semblable au Zéphyre amoureux
Qui, du printemps enfant volage,
Court à chaque fleur d'un bocage
Porter le tribut de ses feux,
Tour à tour Racine et Molière,
Chaulieu, Montagne, et la Bruyère,
Viennent s'asseoir à tes côtés
Dans ton asile solitaire,
Et sous leurs crayons enchantés
Tu vois d'une douce lumière
Briller d'utiles vérités.

ÉPITRE XIX.

A M. DE MONREGARD.

Envoyée avec un pâté de quatre canards, dans le temps de la grippe. 1776.

D'une province où la franchise
Et la loyauté du vieux temps
Sont encor des bons habitans
Le cri de guerre et la devise,
Quatre ermites, en robe grise,
Gens tout neufs, bien de leur pays,
Dont l'air grave, le sang rassis
N'annonçaient guère l'entreprise,
Bravant les périls infinis,
Les glaces, la neige et la bise
Dont les chemins sont investis,
Ce matin même sont partis,
Quoi que le thermomètre en dise,
Et qui mieux est pour eux, ou pis,
A la triste époque précise
Où la grippe, dont nuls abris
Ne peuvent sauver la surprise,
Menant la fièvre, les soucis,

ÉPITRE XIX.

Les faux docteurs, les faux récits;
L'affreuse grippe, en pleine crise,
Enveloppe, agite, maîtrise
Jeunes et vieux, grands et petits,
L'élégante sous ses lambris,
Sous le chaume la pauvre Lise,
Les hauts penseurs, les sous-esprits,
Le talon rouge, le commis,
Et la duchesse, et la sœur grise.
Pour être capable ou tenté
De leur périlleuse aventure,
Il faut être eux, en vérité,
Ou l'ours le mieux empaqueté
Dans son capot et sa fourrure.
Enfin, tant bien que mal munis,
Sous les nuages rembrunis
D'un ciel glacé que tout redoute,
Les quatre pélerins unis,
Clos et couverts, ne voyant goutte,
Ont pris le chemin de Paris,
Où, s'ils arrivent sans déroute,
Pomar, Voujault, Grave et Chablis,
Des rayons de leur mère-goutte
Voudront bien réchauffer sans doute
Les pauvres frères engourdis.
Il est pourtant quelques avis
Qu'ils pourront bien faire la route
A leur honneur, frais et fleuris,
Grâce au tissu de leurs habits :

A M. DE MONREGARD.

Un autre eût dit, grâce à la voûte
Sous laquelle ils sont établis ;
Et des savans lourds, peu polis,
Diraient crûment, grâce à la croûte.
 Un bon campagnard du canton,
Sachant leur destination,
Et séduit par l'heureuse image
Du terme de leur mission,
De grand cœur partirait, dit-on,
Pour revoir ce brillant rivage :
Non que dans ses déserts chéris
Il éprouve l'impatience
D'aller retrouver à Paris
Le bruit, le faste, l'importance,
Les grands plaisirs, les grands ennuis,
Les courts succès prônés d'avance,
Les nouveautés de tous pays,
Les chefs-d'œuvre sans conséquence,
Et ces tourbillons infinis
D'intrigues, d'airs et d'élégance,
Où l'amitié, sans consistance,
N'est plus qu'une gaze, un vernis,
Le voile de l'indifférence,
Des faussetés et du mépris ;
Où ce bon honneur de jadis
N'est plus qu'une faible nuance,
L'air du bonheur, un coloris
Qui couvre à peine l'indigence
De nos cœurs vides et flétris ;

Et l'esprit, ou son apparence,
Ses tours de force, ses propos,
Une lassante contredanse
De sauts périlleux et de mots.
Sans doute on est bien imbécile
Et rouillé bien profondément
D'avoir si peu d'empressement
Pour les fêtes, le goût, le style
De ce peuple doré, charmant,
Loin de qui vraisemblablement
Tout est triste, gauche, stérile,
Et d'un gothique accoutrement;
Tous ces provinciaux ignares,
Qui s'avisent d'être contens,
Sont bien à plaindre, bien bizarres
Dans leur bonheur de bonnes gens.
Pour faire aussi l'aveu sincère
De son mauvais goût, si contraire
A tant d'incroyables talens
Qui font bruire en ces momens
Dans tout le globe littéraire
Les bombes, les petits volcans;
S'il eût été, loin de nos champs
A travers les glaces de l'Ourse,
Revoir la ville du printemps,
Il n'aurait point fait cette course,
Par des desirs bien violens
D'aller recueillir à la source
L'ambre et l'or des parleurs du temps,

A M. DE MONREGARD.

Ces distributeurs éclatans
De la phrase et de la lumière,
De leur siècle docteurs régens,
Nouveaux copistes de vieux plans,
Où, sous un ciel à leur manière,
Enfin la vérité première,
Jusqu'ici cachée au bon sens,
Dicte ses lois par leurs accens;
Scène vaste, sombre, profonde,
Où, grâce à leurs rayons puissans,
On voit sautiller à la ronde
Les lampions resplendissans
D'une raison neuve et féconde
Que, jusqu'à leurs jours bienfaisans,
Ignorait encore le monde,
Ce pauvre enfant de six mille ans.

 Ce grand spectacle de notre âge,
Ces bruyans hochets du moment,
Tous ces objets également
De plaisanterie et d'hommage,
De ridicule et d'engoûment,
Pour la multitude volage
Qui prône et siffle en un instant
Les brochures de tout étage,
Et la fureur et le néant
De vouloir être un personnage;
Toutes ces clartés de passage
Séduiraient médiocrement
Un Gaulois sans beaucoup d'usage,

ÉPITRE XIX.

Borné tout naturellement
A la simplesse du vieil âge,
Et qui n'aurait point l'avantage
De saisir assez lestement
Le sentencieux persiflage
Du sophistique enivrement,
Ni de sentir bien vivement
Cet éternel enfantillage
Du ton qui veut être plaisant,
Tous ces grands rires d'un moment
De tant de gens gais tristement,
Et ce délicieux ramage,
Ce jargon d'un ennui charmant:
Il n'aurait quitté sa retraite
Que pour un asile enchanté,
Dont il connaît, dont il regrette
L'agrément, la tranquillité,
Les jours sans inégalité,
L'esprit au ton de la nature,
L'amitié franche, la droiture,
Et cette si bonne gaîté,
La compagne fidèle et sûre
Du bonheur et de la santé.
Plein de cette image si chère,
S'il avait pu tout uniment
Quitter son manoir solitaire
Sans braver fort imprudemment
Un oracle de l'atmosphère,
Au lieu d'être, dans cet instant,

A M. DE MONREGARD.

A tracer sur un froid pupitre
Cette longue petite épître,
Qu'il vous griffonne en grelottant,
Déjà bien loin, et bien content,
Presque aux deux tiers de sa journée,
Il aurait vu, courant les champs,
Huit ou neuf postillons jurans
Contre la course et la gelée;
Tous à peu près aussi rians,
Tous avec mêmes agrémens,
Air transi, voix rauque, altérée,
OEil larmoyant, face empourprée,
Rhume dont on ne connaît pas
La naissance ni la durée,
Pelisse de toile cirée
Sous une gaze de frimas,
Ceinture de neige entourée,
Bonnet de peau d'ours presque ras,
D'où l'on voit descendre assez bas
En ligne droite et bien tirée
Des cheveux lustrés de verglas,
Tels qu'on voit dans les vieux Atlas
La chevelure de Borée.
Quoi qu'il en soit, pour dire enfin
Avec une entière franchise
Son aventure et son chagrin,
Aujourd'hui même, sans remise,
Il devait se mettre en chemin,
Si le redoublement soudain

ÉPITRE XIX.

De ce vent d'est, joint à la bise,
Ne l'eût détaché ce matin
De sa dangereuse entreprise :
Tremblant au présage fatal
De ce ciel menaçant et sombre,
Il a cru, sous ce noir signal,
De Réaumur entendre l'ombre
Du sein d'un tube glacial
Prédisant, d'un ton sépulcral,
De nouveaux désastres sans nombre
A qui, courant tant bien que mal,
De son réduit quitterait l'ombre :
D'ailleurs même, sans Réaumur,
Un autre oracle non moins sûr
A dû guider sa prévoyance ;
Cette grippe a déjà sur lui
Trop bien exercé la puissance
Du régime et de son ennui,
Pour s'en procurer aujourd'hui
Une seconde expérience.
Peut-être bien traitera-t-on
Cette prudence de chimère,
Ce voyage d'imaginaire,
Et le voyageur de poltron ;
Mais, soit que l'on s'en moque ou non,
Il pense, d'après la coutume
Des bonnes gens sans aucun art,
Qu'il vaut mieux courir le hasard
D'un ridicule que d'un rhume.

A M. DE MONREGARD.

Je suis confus, épouvanté
De cette longue rêverie :
Auriez-vous cru voir à côté
De quelques mots pour un pâté
Cette incroyable compagnie
Si disparate pour le nom
Et pour la physionomie,
L'élégante, le postillon,
Les esprits, la grippe, le ton
De l'antique philosophie,
Et la morale, et le pompon,
Les entrepreneurs du génie,
Les livrets à prétention,
Et la raisonneuse manie
Dont l'âpre et sèche fantaisie
Est la grippe de la raison,
Et des esprits à l'agonie ?
Grâce au ciel elle va tombant
Ainsi que l'autre épidémie.
L'erreur n'est qu'une maladie
Dont le cours est plus ou moins lent,
Mais qu'enfin le temps expédie :
La seule antique Vérité,
Toujours jeune aux yeux des vrais sages,
Toujours forte au sein des ravages
Et des jours de calamité,
Qui souvent des terrestres plages
Altèrent la salubrité,
S'avance avec égalité

ÉPITRE XIX.

A travers les vents, les nuages,
Et l'errante mortalité :
Son trône, porté sur les âges,
Voit disparaître à sa clarté
L'intempérie et les orages
Dont chaque siècle est agité ;
Sa sublime simplicité,
Surmontaut le ton exalté
Des pancartes et des adages
D'un empirisme répété,
Use tour à tour les ouvrages,
Les tréteaux et les personnages,
Et leur pauvre célébrité ;
Elle efface avec majesté
Les maux de leurs divers passages
Et les roses de la santé
Refleurissent sur nos rivages :
Nul faux système brillanté,
Nulle éphémère obscurité
N'arrive à la sphère éternelle
Des rayons de la vérité ;
Nul souffle de la nouveauté
N'atteint la fleur toujours nouvelle
De sa fraîcheur, de sa beauté,
Et de sa jeunesse immortelle.

Il faut avoir assurément
Une bien belle confiance
Dans toute l'heureuse indulgence
Dont la raison use aisément,

A M. DE MONREGARD.

Sans prendre la triste balance
Où la moderne suffisance
Pèse jusqu'à l'amusement :
Il faut toute mon assurance
Dans cette amitié qui m'entend
Pour vous envoyer bonnement
Ces riens tracés à l'aventure,
Et qui sans dessein, je vous jure,
Commencés je ne sais comment,
Se sont chargés, chemin faisant,
De crayons de toute figure.
Ils finiraient je ne sais quand,
Et me rendraient la fantaisie
De cette libre poésie
Qui fut un de mes premiers goûts,
Si je n'écoutais que l'envie,
Le charme d'écrire pour vous :
Mais comme il se pourrait b en faire
Que cette lettre, allant son train,
M'amuserait seul à la fin,
Sans trop mériter de vous plaire,
Non plus qu'aux Grâces, que d'ici
Je crois voir, pour me lire aussi,
Quitter une harpe légère
Plus brillante que tout ceci ;
Rendu bientôt à mon silence,
Je fuirai toute ressemblance
Avec l'ivresse et les longueurs
De ces messieurs les amateurs

ÉPITRE XIX.

Dont la musique est la manie,
Infatigables auditeurs
De leur personnelle harmonie ;
Flûte, guitare, ou violon,
Hautbois, ou cor, violoncelle,
N'importe sur quoi leur beau zèle
Exerce sa prétention,
Leur réveil, chaque matinée,
Autour d'eux fait tout retentir :
Charmans, jouant faux à l'année,
Mais d'amitié, pour leur plaisir ;
Fort souvent une heure est sonnée,
Ils ne songent point à finir.
O que cette ardente furie
De répétition sans fin
Serait promptement rafraîchie,
S'ils sentaient le mal du voisin
Que leur tendre goût supplicie,
Et qui, chaque jour plus chagrin,
Plus écrasé de symphonie,
Jure d'aller le lendemain
Consulter, pour prendre à partie
Son mélodieux assassin,
Et s'instruire (preuve servie)
Par un délibéré certain,
Si cette peste du matin
(La lyrique épizootie)
N'est pas un moyen souverain
Pour casser un bail même à vie,

A M. DE MONREGARD.

Et si la coutume contient
Sous le titre des servitudes
Jusqu'à quel point la loi soutient
L'amateur faisant ses études!
C'est peu que le talent bénin,
La tant douce monotonie
De ces messieurs, dont tout est plein,
Occupe, amuse, gratifie,
Charme leur plus proche voisin,
Heureux de la première main
Sous le feu même du génie;
Leur épidémique harmonie,
De proche en proche s'abaissant
Sur le quartier, sur le passant,
Vous fait bâiller la compagnie;
Et du symphoniste argentin
Doublant le rôle et la couronne,
Unit, dans son brillant destin,
Au don d'ennuyer en personne
L'art d'ennuyer dans le lointain.
Je ne sais trop si je m'explique :
Au reste, si ces traits galans
Présentent mal de la musique
Les matineux frères servans,
Il ne faut que changer l'adresse :
Vous aurez, presque aux mêmes traits,
Des amateurs de pire espèce,
Ces longs liseurs de verselets
D'une pesante gentillesse,

A M. DE MONREGARD.

Ces porteurs d'odes, de couplets,
De madrigaux et de bouquets
D'une fadeur enchanteresse,
Tous gens couronnés de leur main,
D'autant plus mortels au prochain,
Que, si leur beau feu vous approche,
Sans dire gare, armés soudain,
Ils tirent la mort de leur poche.
Non contens d'amuser Paris,
Leur gloire va gagnant pays
Par la renommée ou le coche ;
Les confidences, les honneurs
De leurs personnelles lectures
Étendant bientôt leurs faveurs,
Par la presse, par les voitures,
Sur nos lointains sèment les fleurs
Avec l'opium des brochures ;
Et leurs guirlandes et leurs fruits,
Portant leur parfum spécifique
Par-delà nos climats séduits,
Vont faire bâiller l'Amérique.
Je crains leur rôle, et je m'enfuis.

ÉPITRE XX.

FRAGMENT

DU

CHARTREUX,

Au sujet d'une femme qu'il avait connue.

Je me rappelle avec transport
Les lieux et l'instant où le sort
M'offrit cette nymphe chérie
Dont un regard porta la vie
Dans un cœur qu'habitait la mort.
. . . .
. . . .
Félicité trop peu durable !
Il passa, ce songe enchanteur;
Et je n'aperçus le bonheur
Que pour être plus misérable.
. . . .
. . . .
La paix de ce morne séjour
Ne peut apaiser ma blessure;

ÉPITRE XX.

Pour jamais je sens que l'Amour
Habitera ma sépulture.
En vain tout offre dans ce lieu
De la mort l'affreuse livrée ;
D'épines, de croix entourée,
La mort n'écarte point ce dieu :
Par lui mon antre funéraire
Brille des plus vives couleurs ;
Et ses mains répandent des fleurs
Sur les cilices et la haire.

. . . .
. . . .

Déjà le bruit lugubre et lent
De l'airain aux accens funèbres
Me dérobe à l'enchantement,
Et m'appelle dans les ténèbres :
Déjà dans un silence affreux,
Sous un long cloître ténébreux,
Que terminent des lampes sombres,
Je vois errer les pâles ombres
Des solitaires de ces lieux.

. . . .
. . . .

A travers leur dehors sauvage
Ces lentes victimes du temps,
Ces fantômes, ces pénitens,
Dans un éternel esclavage
Me semblent libres et contens
Sous le poids des fers et de l'âge.

LE CHARTREUX.

Contens ! Hélas ! ils n'ont point vu...
O Dieu ! si de mon immortelle
Un regard leur était connu,
Verraient-ils un bonheur loin d'elle ?
. . . .
. . . .

Mais vous, que nos déserts épais,
Nos tombeaux, notre nuit profonde,
N'entourent point de leurs cyprès,
Vous, heureux habitans du monde,
Qui vivez, qui voyez ses traits.
. . . .

Pouvez-vous la quitter jamais ?
Pour elle votre ame ravie
N'a-t-elle pas trop peu de temps
De tout l'espace de vos ans ?
Je voudrais de toute ma vie
Acheter un de vos instans !
. . . .
. . . .

Contraint de dévorer mes peines
Parmi le silence et l'effroi
De ces retraites souterraines,
Toujours seul, toujours avec moi,
Exclus de l'asile ordinaire
Que la nature ouvre au malheur,
Je suis privé, dans ma misère,
De la consolante douceur
De pouvoir répandre mon cœur

ÉPITRE XX.

Dans l'ame sensible et sincère
D'un fidèle dépositaire
De mon éternelle douleur.
Rien n'offre en ce monde sauvage
Ni soulagement ni pitié ;
Et, pour en achever l'image,
On n'y connaît point l'amitié.
Si quelquefois moins égarée
La raison me luit un instant,
Et me dit qu'un travail constant
Trompera l'immense durée
Du temps qui fuit si lentement
Pour une ame désespérée ;
Plus forte que tous mes projets,
Bientôt une image adorée
Se fait voir dans tous les objets.
. . . .
De mes crayons, de mon ciseau
Elle est le guide et le modèle ;
Sur le tour un essai nouveau
Chaque jour lui promet mon zèle.
. . . .
. . . .
Si je cultive, dès l'aurore,
Ces jasmins, ces myrtes, ces fleurs,
C'est pour offrir l'encens de Flore
Et les plus brillantes couleurs
A l'immortelle que j'adore.
Quand cette vigne dont mes mains

LE CHARTREUX.

Guident la sève vagabonde
Répoud au soin qui la féconde
Et se couronne de raisins :
Croissez, leur dis-je avec tendresse,
Fruits heureux, embellissez-vous ;
Que sur vous l'automne s'empresse
Et vous livre au sort le plus doux !
Défendus par ma vigilance
De mille insectes renaissans,
Garantis de la violence
Et du sagittaire et des vents,
Dans votre fraîcheur la plus pure
Au sein des hivers dévorans,
Vous irez porter mon encens,
Et l'hommage de la nature
A la déesse du printemps.
. . . .
. . . .

Ces dons de l'amour et des arts
Présentés sous le nom du zèle,
Seront offerts à ses regards.
Dieux ! ils seront touchés par elle !
Avant que de m'en détacher
Que des pleurs, des baisers de flamme
Fassent passer toute mon ame
Dans ces dons qu'elle doit toucher !

PIÈCES FUGITIVES.

VOYAGE A LA FLÈCHE (a).

A MADAME DU PERCHE.

C'est assez chanter : je me porte à merveille ; c'est tout ce que je sais de meilleur de ce pays-ci. Je crois qu'il n'est rien arrivé d'amusant sur la route que j'ai faite : c'est le pays le plus désert et le plus mort que j'aie encore vu.

En quittant ces bords pleins de charmes,
Un jour auparavant égayés par nos ris,
Presque tenté de verser quatre larmes,

(a) Lorsque Ver-Vert parut, la supérieure de la Visitation engagea son frère, qui était ministre, à demander aux jésuites la punition du scandale que l'auteur avait causé, disait-elle par la publication de cet ouvrage. Les jésuites transférèrent Gresset de Tours à la Flèche, où le P. Bougeant a été également exilé pour son *Amusement philosophique sur le langage des bêtes*, et où il est mort de chagrin. L'ennui gagna Gresset dans cette de-

Je suivais lentement des sentiers moins fleuris :
>   Frappé d'une humeur léthargique,
>   Toujours confident de mon cœur,
> Mon esprit se livrait à ma tendre douleur;
>   Et l'allure mélancolique
>   De ma monture apoplectique
>   Redoublait encor ma langueur :
> Quand enfin, réveillé par le bruit des sonnettes
> Du mercure crotté qui guidait nos masettes,
> Je vis les compagnons auxquels, dans ce beau cours,
>   Le sort m'attelait pour deux jours.

De cinq qu'ils étaient je ne vous parlerai que d'un ; les autres n'étaient là que pour balayer quatorze lieues de crotte, et me parurent avoir pris congé depuis long-temps de tout esprit et de tout amusement ; à l'exception d'un mien confrère, qui riait à répétimeure; et, s'il avait été comme son ami, lié par des vœux, il y serait peut-être mort aussi : mais au bout d'un an il donna sa démission de jésuite, et obtint par ce moyen une liberté qu'on lui aurait probablement refusée.

Gresset, en adressant son voyage à madame du Perche, y avait joint deux chansons, dont l'une en patois tourangeau. Ces deux pièces n'ont point été conservées; il paraît qu'elles n'avaient que le mérite de celles que l'on compose pour l'amusement des sociétés : ainsi elles ne sont point à regretter.

tion une fois par heure, et qui est, pour la gaîté, de la même trempe à peu-près que le cadet de la Védette, quand il sable un œuf à la Hurtault. Ainsi mon unique consolation fut un vieux cordelier, qui revenait des eaux de Bourbon pour se faire enterrer à la Flèche:

Attendu la paralysie,
Il ne pouvait chevaucher aisément;
Mais à l'aide d'un cabestan
Nous le guindions artistement
Sur la piteuse haquenée
Que le diable avait condamnée
A remporter le révérend.

Quoique le bon *pater* n'eût plus que les facultés de l'ame, il tâchait encore d'être drôle, et me contait de la meilleure foi du monde toutes ses histoires: je vous les dirais bien, mais je ne me charge point de les écrire. Il est ici le geôlier de trente-quatre nonnes qui le font enrager, à ce qu'il m'assura: mais je brise sur cet article.

Attaquez-vous par quelque raillerie
Un régiment d'infanterie?
Mars ne fera qu'en rire, il s'en amusera:
Mais si, par malheur, votre muse

A LA FLÈCHE.

> A draper les noues s'amuse,
> L'amour-propre s'en vengera;
> Dévotement il rugira,
> Et bientôt il vous poursuivra
> Jusqu'à la Flèche, et par-delà...

J'en reviens à mon bonhomme. Il m'amusa de son mieux, et tâcha de faire les beaux jours du voyage.

> Mais quoi qu'il fît pour s'égayer,
> Un cordelier paralytique,
> Ce n'est plus dans la république
> Ce qu'on appelle un cordelier.

Nous passâmes par je ne sais quel bourg où notre messager nous promettait comme un magnifique spectacle un jour de grande foire,

> Où l'on venait de vingt cantons.
> J'y vins, et vis trois ânes, cinq moutons,
> Et deux lambeaux de toiles grise;
> C'était toute la marchandise :
> Je vis se carrer trois manans;
> Et c'en était tous les marchands.

En descendant de cheval j'enfilai la conversation avec quelques capables du lieu, pour me donner l'amusement d'entendre leurs nouvelles et leur politique grotesque. Je n'ai jamais entendu un pot-pourri plus original, ni de coq-à-l'âne plus complet :

Les uns disaient que le roi Tanifras
Jamais des Poronais ne deviendrait le maître,
Quoique la Czarianne avec le Chatarmas
  Au trône le voulût remettre.
  Non, disait un notable, il ne le sera pas,
  Malgré que l'électeur de Sasque
  Batte le tambour comme un basque
  Pour contraindre les Palastins
A suivre Tanifras sans faire les mutins :
Les autres soutenaient que bientôt de Porone
  Tanifras aurait la couronne,
  Malgré les efforts des Génois,
  Et la révolte des Chinois ;
Que dans peu notre flotte, entre la mer Baltique
  Et les ports d'Amérique,
  Viendrait par terre attaquer les Anglais ;
Que les desseins de Vienne auraient un sort funeste,
Et que le diable emporterait le reste.
  Fatigué de leurs sots discours,
  Et de leur bêtise profonde,
  En espèces de même cours
Avant de les quitter je payai tout mon monde.
Je leur dis que le Turc se faisait capucin,
  Et que le doge de Venise,

A LA FLÈCHE.

Dans un vaisseau de maroquin,
Était allé relever sans remise
La grande arche du Pont-Euxin,
Qu'avait rompue un vent de bise.

Après les avoir pétrifiés par cette décharge effroyable de nouvelles étonnantes, j'allai manger, sans beaucoup d'appétit, deux vieux œufs jadis frais ; après quoi je m'enveloppai, un peu plus que demi-habillé, entre deux draps d'une blancheur problématique, et d'une propreté équivoque.

Là, remettant au lendemain
Le second tome du voyage,
Sans m'amuser à veiller davantage,
Je m'endormis jusqu'au matin.
L'Aurore ensevelie aux liquides demeures
Ne songeaient point encore à réveiller les Heures,
C'est-à-dire en deux mots, pour parler plus chrétien,
Sans emprunter ce ton virgilien,
A peine était-il jour, par leurs rauques fleurettes
A peine les vieux coqs éveillaient leurs poulettes,
Que le clairon de notre messager
Sonnant partout le boute-selle,
Je fis l'effort de me lever
(Car au plus mauvais lit le sommeil m'est fidèle ;
Je dormirais sur un clocher)
Je me relevai donc, non sans faire jurer

Mon impatiente sequelle;
Enfin je regagnai ma lente haridelle,
Ma valise et mon cordelier.

Depuis ce moment, tout le voyage fut affreux : nous ne trouvâmes plus que des chemins diaboliques, percés à travers des bois éternels ;

Des ravines abominables,
Des coupe-gorges effroyables,
Dans de ténébreuses forêts,
Où cent mille lutins, cent mille farfadets,
Chaque nuit, avec tous les diables
Tiennent leurs horribles sabbats,
Des conciles épouvantables,
Auxquels je n'appellerai pas.

Enfin, d'horreurs en horreurs, de monstres en monstres, nous arrivâmes et nous fîmes notre entrée dans la ville, bourg, et village de la Flèche, où je pris volontiers congé de ma veuve de Rossinante : que vous dire maintenant de ce pays-ci ?

La Flèche pourrait être aimable,
S'il était de belles prisons;
Un climat assez agréable,
De petits bois assez mignons,

A LA FLÈCHE.

Un petit vin assez potable ;
De petits concerts assez bons,
Un petit monde assez passable.
La Flèche pourrait être aimable,
S'il était de belles prisons.

Je n'en parle ainsi que d'après des relations qu'on m'en a faites. Jusqu'aujourd'hui cependant il me paraît qu'il pleut de l'ennui à verse ; mais je m'enveloppe de mon manteau philosophique, moyennant quoi je compte que ces orages ne me mouilleront pas. Or finissons pourtant ; le postillon va partir.

Le charmant, le divin est-il enfin guéri ?
Les grâces, l'enjouement, les plaisirs, la tendresse,
 A sa santé tout s'intéresse ;
 Car tout est malade avec lui.

Mille bonjours à tout le monde ; des respects à ceux qui ne voudront pas d'amitiés. J'attends une longue réponse : cotisez-vous tretous, et réconfortez un mort au monde qui ne vit plus que dans les lettres de ses amis. Songez que je mourrais réellement et à perpétuité si les considérations que j'ai pour des voisins tels que vous ne m'arrêtaient encore sur la terre. Tirez cet agrément, tout m'est enlevé ; je suis à trente mille lieues de tout l'univers : je finis, attendu que je n'aime point le style d'élégie.

- - -

A MGR. L'ÉVÊQUE DE LUÇON.

Vous dont l'esprit héréditaire,
Et par les grâces même orné,
Aux talens d'un illustre père
Joint l'agrément de Sévigné ;
Vous dont le tendre caractère
Sait unir, par d'aimables nœuds,
A l'avantage d'être heureux
Le plaisir délicat d'en faire ;
Mortel plus charmant que les dieux,
D'une muse ressuscitée,
De vos soins généreux, de vous-même enchantée,
Et qui n'a point encor paré l'autel des grands,
Recevez le premier encens.
Protéger Euterpe et Minerve,
C'est le Moutier, l'ami du bien commun.
Parmi les noms fameux que Clio nous conserve
Ses fastes en comptent plus d'un :
Mais être au bord de l'Hippocrène,
Assis entre les rois amis de Melpomène,

Et les tendres auteurs des accens les plus doux,
  Horace à la fois et Mécène,
Cet accord n'était dû qu'aux rives de la Seine,
  Et l'éloge commence à vous.

ADIEUX AUX JÉSUITES.

A M. L'ABBÉ MARQUET.

La prophétie est accomplie,
  Cher abbé, je reviens à toi;
La métamorphose est finie,
  Et mes jours enfin sont à moi.
Victime, tu le sais, d'un âge où l'on s'ignore,
  Porté du berceau sur l'autel,
  Je m'entendais à peine encore,
Quand j'y vins bégayer l'engagement cruel...
Nos goûts font nos destins : l'astre de ma naissance
  Fut la paisible liberté;
Pouvais-je en fuir l'attrait? Né pour l'indépendance,
Devais-je plus long-temps souffrir la violence
  D'une lente captivité?
C'en est fait; à mon sort ma raison me ramène :
Mais, ami, t'avouerai-je un tendre sentiment,
Que ton cœur généreux reconnaîtra sans peine?
Oui, même en la brisant, j'ai regretté ma chaîne,

ADIEUX AUX JÉSUITES.

Et je ne me suis vu libre qu'en soupirant.
Je dois tous mes regrets aux sages que je quitte;
J'en perds avec douleur l'entretien vertueux;
Et, si dans leurs foyers désormais je n'habite,
  Mon cœur me survit auprès d'eux;
Car ne les crois pas tels que la main de l'Envie
  Les peint à des yeux prévenus;
Si tu ne les connais que sur ce qu'en publie
  La ténébreuse Calomnie,
  Ils te sont encore inconnus.
Lis, et vois de leurs mœurs des traits plus ingénus.
Qu'il m'est doux de pouvoir leur rendre un témoignage
Dont l'intérêt, la crainte, et l'espoir, sont exclus!
  A leur sort le mien ne tient plus;
L'impartialité va tracer leur image.
Oui, j'ai vu des mortels, j'en dois ici l'aveu,
  Trop combattus, connus trop peu;
J'ai vu des esprits vrais, des cœurs incorruptibles,
Voués à la patrie, à leurs rois, à leur Dieu,
  A leurs propres maux insensibles,
Prodigues de leurs jours, tendres, parfaits amis,
  Et souvent bienfaiteurs paisibles
  De leurs plus fougueux ennemis;
Trop estimés enfin pour être moins haïs.
Que d'autres s'exhalant, dans leur haine insensée,
  En reproches injurieux,
Cherchent en les quittant à les rendre odieux :
Pour moi, fidèle au vrai, fidèle à ma pensée,
C'est ainsi qu'en partant je leur fais mes adieux.

SUR LA TRAGÉDIE D'ALZIRE.

Quelques ombres, quelques défauts,
    Ne déparent point une belle.
Trois fois j'ai vu la Voltaire nouvelle,
Et trois fois j'y trouvai des agrémens nouveaux.
Aux règles, me dit-on, la pièce est peu fidèle :
Si mon esprit contre elle a des objections,
    Mon cœur a des larmes pour elle;
Les pleurs décident mieux que les réflexions.
Le goût, partout divers, marche sans règle sûre;
  Le sentiment ne va point au hasard :
    On s'attendrit sans imposture,
    Le suffrage de la nature
    L'emporte sur celui de l'art.
En dépit du Zoïle et du censeur austère,
Je compterai toujours sur un plaisir certain
Lorsqu'on réunira la muse de Voltaire
    Et les grâces de la Gaussin.

SUR LES TABLEAUX

Exposés à l'Académie royale de peinture, au mois de septembre 1737.

Si l'on croit les plaintes chagrines
De quelques frondeurs décriés,
Et les satires clandestines
De quelques auteurs oubliés,
Tout s'anéantit dans la France,
Le goût, les arts les plus brillans,
Tout meurt sous des dieux indolens;
Et, dévoués à l'opulence,
Nos jours ramènent l'ignorance
Sur la ruine des talens.
Mais quelle lumière nouvelle
Dissipe le sommeil des arts !
De la divinité d'Apelle
Le temple s'ouvre à mes regards.
Naissez, sortez de vos ténèbres,
Élèves de cet art charmant
Qui de la nuit du monument
Sauve les spectacles célèbres,
Et fixe la légèreté
De la fugitive beauté.

SUR LES TABLEAUX.

De vos maîtres, que dans ce temple
La patrie honore et contemple,
Distinguez, saisissez les traits;
Et, par le talent et l'exemple
Élevés aux mêmes succès,
D'une gloire contemporaine
Méritez les fruits les plus doux :
C'est la seule gloire certaine;
Et l'avenir n'est rien pour nous.
Si, dans cette illustre carrière,
La Peinture sur ses autels
De Rigault et de l'Argilière
N'offre point les traits immortels,
A juste titre elle a pu croire
Que c'était assez pour sa gloire,
Assez pour enseigner ses lois,
D'offrir les Coypels, les de Troys,
Et de conduire sur ses traces
Vanlo, le fils de la Gaîté,
Le peintre de la Volupté,
Et Nattier, l'élève des Grâces,
Et le peintre de la Beauté.
Quel présage pour Polymnie!
La gloire des dieux du pinceau
A la reine de l'harmonie
Annonce un triomphe nouveau.
Après les exploits de Bellone,
Sous le règne du dernier Mars,
La même main guidait au trône

SUR LES TABLEAUX.

Les Racines et les Mignards.
Vous donc, et l'ame et le Mécène
Des progrès d'un art fortuné,
Ouvrez des Muses de la Seine
Le sanctuaire abandonné,-
Des amans de la poésie
Qu'on y dépose les travaux,
Et que, sans basse jalousie,
Admirateurs de leurs rivaux,
Ils y partagent l'ambroisie.
Par de réciproques secours
Augmentant leur clarté féconde,
Les astres éclairent le monde
Sans se combattre dans leur cours.
Crébillon des royaumes sombres (*a*)
Nous peindra les plaintives ombres,
Et les célèbres malheureux ;
Voltaire du tendre Élysée (*b*)
Peindra les mânes généreux :
Et, descendu de l'Empyrée,
Rousseau viendra peindre les dieux (*c*).
Quelques favoris de Thalie
Sauront avec légèreté
Crayonner l'Erreur, la Folie (*d*),
L'histoire de l'humanité.

(*a*) La tragédie.
(*b*) Le poëme épique.
(*c*) L'ode.
(*d*) La comédie.

A M. L'ABBÉ DE CHAUVELIN.

Des fleurs, un myrte, une bergère,
Seront les jeux de mes crayons;
Ou, si Calliope m'éclaire
Et m'échauffe de ses rayons,
J'offrirai l'image chérie
D'un ministre à qui la patrie,
Dans ses combats et ses succès,
Dut l'abondance, l'industrie,
Et l'éclat des jours de la paix;
Et qui, protecteur du génie,
Va, dans le silence de Mars,
Rendre les beaux arts à la vie,
Et rendre Colbert aux beaux arts.

Ut pictura poesis erit. HORAT.

A M. L'ABBÉ DE CHAUVELIN.

18 mars 1738.

Mon cher prieur, c'est le mot nécessaire,
Car en ce jour, content du prieuré,
Je n'aurai nullement affaire
Du chanoine ni de l'abbé :
Cette rime est peu légère,
Mais enfin que voulez-vous faire?

A M. L'ABBÉ DE CHAUVELIN.

    Après deux mois de diète entière
    Tout Apollon est bien tombé.
    Cette parenthèse conclue,
Voulez-vous bien, la présente reçue,
    Vous qui pouvez donner la loi
    Par l'autorité priorale
    Dans vos états du Grand-Fresnoy,
Envoyer le cordon et la lettre fatale
    Pour six perdrix de bon aloi
    Dont le tombeau sera chez moi?
    Si quelque lièvre et quelques grives,
Ennuyés de la vie et d'un triste pays,
    Veulent jusqu'aux sombres rives
    Accompagner les six perdrix,
    Ordonnez qu'il leur soit permis
    De s'enterrer à leurs obsèques,
    Ainsi que le faisaient jadis
    Les esclaves, les pédissèques,
    Des reines persanes et grecques
    Dont on allait brûler les corps,
    Et qui, se dévouant aux flammes,
    De compagnie avec leurs dames
    Faisaient le voyage des morts.
    Cependant de la bienfaisance
    Observez le solide effet :
Votre don durera moins que sa récompense;
Vous jouirez encor de la reconnaissance
    Quand j'aurai mangé le bienfait....
Que de mots pour un rien! style de nos ancêtres.

Rien n'est plus dangereux que l'exemple des maîtres:
Un babil séduisant les entraîne à l'écart;
  Vingt-quatre chants pour nous apprendre
  Qu'une bicoque fut en cendre !
  Douze autres chants, d'une autre part,
  Pour conduire un saint gentilhomme
  De la Sicile dont il part
  A la Grenouillère de Rome :
Les exemples des grands entraînent les petits ;
  Combien de vers ? quarante-six ;
Pourquoi ? pour demander un lièvre et six perdrix.

VERS EN RÉPONSE

A UNE LETTRE DE M. VALLIER,

Ancien colonel d'infanterie, en date du 1er mai.

Non, ce n'est point l'éclat d'un nouveau jour,
Les oiseaux ranimés, les fleurs, et la verdure,
La renaissance enfin de toute la nature,
  Qui du printemps m'annoncent le retour ;
  Une muse aux grâces fidèle,
Dans mes déserts, parmi les frimas et les vents,
M'amène les plaisirs qui volent autour d'elle.
  Je vous vois et je vous entends;
  Votre amitié se renouvelle :
  Et voilà pour moi le printemps.

QUATORZE ANS.
COUPLETS.

A quatorze ans qu'on est novice!
Je me sens bien quelques desirs;
Mais le moyen qu'on m'éclaircisse!
Une fleur fait tous mes plaisirs;
La jouissance d'une rose
Peut rendre heureux tous mes momens.
Eh! comment aimer autre chose
A quatorze ans, à quatorze ans?

Je mets plus d'art à ma coiffure:
Je ne sais quoi vient m'inspirer.
N'est-ce donc que pour la figure
Qu'on aime tant à se parer?
Toutes les nuits, quand je repose,
Je rêve, mais à des rubans;
Eh! comment rêver d'autre chose
A quatorze ans, à quatorze ans?

Une rose venait d'éclore;
Je l'observais, sans y songer;
C'était au lever de l'aurore,

Le zéphyr vint la caresser :
C'est donc quand la fleur est éclose
Qu'on voit voltiger les amans !
Mais hélas ! est-on quelque chose
A quatorze ans, à quatorze ans ?

~~~~~~~~~~~~~~~~~~~~~~~~~~~~~~~

VERS A LA VILLE D'ARRAS,

Où l'auteur avait accompagné M. DE CHAUVELIN,
Intendant de Picardie.

Respectable séjour de ces vertus antiques,
Et de ce goût du vrai, l'honneur des premiers temps,
Terre où vont refleurir les arts les plus brillans,
Et qui verras ton nom aux fastes poétiques
    Parmi les temples des talens ;
Si quelques succès dus à la seule indulgence
    M'ont pu mériter les regards
De ceux de tes enfans qu'unit l'amour des arts ;
    Jouis de ma reconnaissance,
Et contemple avec moi, dans ces mêmes succès,
    Les monumens de tes bienfaits.
L'un de tes citoyens (a) aux lieux de ma naissance
Daigna former, instruire et guider mon enfance.

(a) Le P. Lagneau.

Il m'apprit à penser : il m'apprit encor plus;
En ouvrant à mes yeux les routes du génie,
Il éclairait mes pas du flambeau des vertus.
    Mon ame enfin est son ouvrage :
Ses talens et ses mœurs avaient été le tien.
Ce titre et tes lauriers t'assurent mon hommage;
    Et sur le plus lointain rivage
Je porterai pour toi le cœur d'un citoyen.

RÉPONSE A UN AMI

QUI AVAIT DONNÉ DES LOUANGES A L'AUTEUR.

De votre gracieuse épître
  Je n'adopte que la moitié :
De tout éloge vain j'ai rayé le chapitre,
  Et je n'ai lu que l'amitié.
  Ce sentiment sincère et tendre
  A mes sentimens était dû :
A votre cœur j'avais droit de prétendre;
  Le mien vous avait prévenu.

A MADAME TH**.

Pour l'engager à ne plus veiller la nuit.

Non, non, ne veillez pas ;
Ressemblez à la rose,
C'est la nuit qui repose
Sa fraîcheur, ses appas.
Dormez toute la nuit,
Vous serez toujours belle ;
Et pour être immortelle
Couchez-vous à minuit.

ROMANCE.

Adieu, paisible indifférence,
Dont j'ai tant chéri les attraits ;
Soyez sûre que ma constance
Sera de vous fuir désormais.
Voici l'instant de ma défaite ;
Pourrai-je ne pas m'enflammer ;
Je vois bien que je vais aimer ;
Le cœur me bat près de Colette.

VERS.

Dès le matin je suis Colette,
Je vole partout sur ses pas,
Et mon ame est tout inquiète
Quand je ne la rencontre pas.
Voici l'instant, etc.

VERS

En s'engageant à souper pour le lendemain chez un ami qui partait pour la campagne, et n'en devait revenir qu'à l'heure du repas.

Ce lieu demain pour moi doit être solitaire;
  Mais quand l'astre de la lumière,
  Prêt a quitter notre horizon,
Reverra dans nos murs un des fils d'Apollon
  Avec les Grâces et leur mère,
  J'irai le soir probablement
Me consoler du jour près d'un couple charmant.
Pour aujourd'hui, chargé tant de riens que d'ouvrages,
  Et dans mes songes enterré,
Je remplis tour à tour, et j'efface des pages,
  Et débrouille des griffonnages,
  Que peut-être je brûlerai.

LETTRE AU DUC DE CHOISEUL,

Sur le Mémoire historique de la négociation entre la France et l'Angleterre.

Monseigneur,

Les bontés dont vous m'honorez depuis si long-temps me donnent la confiance de venir vous distraire un moment. Peut-être qu'au milieu des applaudissemens publics, et environné d'hommages beaucoup mieux exprimés que les miens, vous voudrez bien reconnaître la voix d'un sauvage que vous avez souvent entendu avec indulgence. Malgré toute ma répugnance à écrire sans nécessité, et malgré toute ma *sauvagerie*, je ne puis résister, Monseigneur, à l'empressement de vous rendre compte de l'impression profonde de respect, d'admiration, et de plaisir, dont m'a pénétré la lecture du *Mémoire historique* sur la négociation entre la France et l'Angleterre.

Les fastes brillans de notre âge

N'offriront point aux yeux de la postérité
    D'époque plus digne d'hommage
    Que le projet de ce traité,
    Qui, sous l'auguste et stable gage
    De l'inviolable équité,
Des palais de l'Europe, écartant tout nuage,
Annonçait la lumière et la sérénité.
Tous les temps en verront l'éclatant témoignage
    Consigné par la vérité
Dans cet illustre écrit, le respectable ouvrage
De la noble franchise et de la dignité.
Tous les temps béniront d'une voix unanime
La modération, les équitables lois,
    La bienfaisance magnanime
D'un roi l'amour du monde, et l'exemple des rois.

Comment ce peuple fier, jaloux du nom de sage,
Rival de tout génie, ardent admirateur
    De tout ce qui porte l'image
De l'élévation et du sublime honneur,
A-t-il pu méconnaître ou redouter l'ouvrage
    De la véritable grandeur ?
Pour quelle fausse gloire évitant la lumière,
A-t-il manqué l'éclat de ces momens si chers
Où l'ange de la paix lui montrant la carrière,
L'appelait à l'honneur de calmer l'univers ?

En rendant publics les actes de cette négociation, Monseigneur, vous laissez à tout le monde la liberté d'être politique pour le moment, ou du moins de se le croire. Pour moi, qui jusqu'ici ne m'étais jamais mêlé de l'être, ni bon ni mauvais, souffrez que j'use de cette permission générale, et que je le sois pour un instant sans conséquence. Il me paraît, Monseigneur, que l'oubli d'un mot très-essentiel a empêché le succès des conférences : tout aurait été concilié si les Anglais s'étaient rappelé un seul instant le nom de Fontenoi. Il est assez singulier que la nation britannique soit la seule nation de l'univers qui ait perdu le souvenir de ce lieu à jamais célèbre, quoique le roi ait daigné en personne lui en faire les honneurs. Mais, Monseigneur, soit près de là encore, soit ailleurs, votre heureux et brillant ministère fera sûrement vouloir la paix, si des voies de conciliation ne peuvent déterminer plus tranquillement les ennemis. Quelque parti qu'ils prennent, vous êtes bien sûr de l'applaudissement et de la reconnaissance de l'Europe. Je ne vois que deux espèces de gens dont les remercîmens seront médiocres, vu que le rétablissement du bonheur général est toujours pour eux un malheur particulier.

Les ennemis obscurs des sublimes talens,
Tous les censeurs chagrins des actions célèbres,
  (Ces chenilles de tous les temps)
Que la splendeur d'autrui blesse dans les ténèbres,
Répandront leur venin près du plus pur encens,
Et feront leur bonheur de rester mécontens.

  Tous les nouvellistes des villes,
Ces oracles bourgeois, politiques du coin,
  Qui, toujours féconds et stériles,
Font leurs menus plaisirs des maux qu'on souffre au loin,
Gens pour qui la gazette est du premier besoin,
  Comme l'air et la nourriture;
Satisfaits, enchantés quand ils ont pour pâture
Une *bonne* bataille avec ses agrémens,
  Une bonne liste bien sûre
  De morts, de blessés, de mourans,
Et le touchant plaisir des doubles *supplémens*:
Tous ces vaillans causeurs, aujourd'hui sans courage,
Même en applaudissant sont de mauvaise humeur
A l'aspect de ce plan d'une paix sans ombrage,
  Qui les prive de la douceur
  D'espérer un nouvel orage.
  Mais pour nous autres bonnes gens,
  Nous autres habitans des champs,
  Nous bénissons l'heureux génie
  Qui, sensible aux maux des humains,
  Pour leur aplanir les chemins
  Du bonheur et de l'harmonie,

Leur tend de secourables mains,
Et qui, par l'exemple sublime
Du mépris des détours, des haines, des soupçons,
Doit inspirer partout cet esprit unanime
Et de confiance et d'estime,
Le premier nœud des nations.

Voilà, Monseigneur, une faible image des sentimens qu'inspire la lecture du Mémoire historique. Si la renommée de la grandeur d'ame et de l'auguste sensibilité du roi pouvait recevoir quelque accroissement dans l'univers, cet exposé lumineux y ajouterait. L'histoire, en transcrivant ce titre immortel, reproduira dans tous les âges la vénération tendre qu'il nous imprime; et la gloire d'un monument si cher sera bien supérieure à la triste célébrité de ces systèmes de discorde, de conquêtes, et de calamités, que l'ambition a quelquefois écrits près du trône.

Ces romans du pouvoir, ces projets chimériques,
Du calme des États cet esprit ennemi,
Présentent vainement des rêves despotiques
Sous des noms vainqueurs de l'oubli;
Tous les testamens politiques
(Soit fabriqués, soit authentiques)
Richelieu, Louvois, Alberoni,

REQUÊTE

N'auront jamais sur la nature
Ces droits de la raison, cet empire établi,
Ces droits de la vertu, cette autorité pure,
Qui consacrent le nom chéri,
Le ton intéressant, la marche noble et sûre,
Et la loyauté de Sulli.

Je suis avec un profond respect,

Monseigneur,

Votre très-humble et très-
obéissant serviteur,

GRESSET.

Nov. 1761.

~~~~~~~~~~~~~~~~~~~~~~~~~~~~

REQUÊTE AU ROI.

Gresset demande, pour un ami, la survivance
d'une lieutenance de roi.

Dans un ennuyeux verbiage
Articulant tout, et nommant
Parme, Prague, Dettingue, et le canon flamand,
On ne fait point ici l'ordinaire étalage

AU ROI.

Des services, des maux, des blessures, de l'âge
  Du très-ruiné suppliant ;
Ses titres les plus sûr sont dans la bienfaisance
De ce génie heureux, ce ministre estimé,
  Né pour faire aimer la puissance
Du monarque vainqueur dont il veut être aimé.
Quel bienfait briguons-nous ? quelle est notre espérance ?
  Est-ce quelqu'un de ces objets
  De fortune ou de confiance
  Où se portent tous les projets
  Des vieux gendarmes de la France,
Et dont tant de majors d'éternelle présence
  Composent leurs pesans placets,
  Et les ennuis de l'audience ?
  Non, ce n'est point, en vérité,
  Un emploi de cette excellence
  Qui par nous est sollicité ;
C'est un poste (on l'avoue en toute humilité)
  A qui personne ici ne pense,
Un vieux donjon, un roc, un antre inhabité,
  Sans demandeurs, sans concurrence,
  Sans arsenal, sans conséquence,
  Sans canons, et sans vanité ;
  C'est la supériorité
  D'une maigre communauté
  D'invalides presque en enfance,
  Qui montent la garde, je pense,
  Beaucoup moins pour la sûreté
D'une place où la Paix, le Sommeil, le Silence,

Résident à couvert de toute hostilité,
Que pour épouvanter, par les sons lamentables
D'un tambour enroué de toute éternité,
Les châts-huans voisins de ces lieux incroyables,
  Ou pour bannir des vieux ormeaux,
Abri de leur gazette et de leur triste vie,
  Les corneilles et les corbeaux
Qui pourraient quelque jour manger la compagnie,
Et se méprendre à l'air, à la mine flétrie
  De ces cadavres de héros ;
Enfin, pour en parler avec plus d'évidence
  Et non moins de prolixité,
  C'est la très-mince lieutenance
  D'un fort d'assez peu d'importance,
  Qui ne sera jamais bloqué,
Mais dont le grenadier qui s'offre à sa défense
Rendrait bon compte un jour si, contre l'apparence,
  Il pouvait se voir attaqué
  Sur cette chétive éminence.
Encor voulons-nous moins que cette jouissance
  Par ce mémoire présenté ;
Ce n'est pour le moment qu'un titre sans séance,
  Un bien qui n'aura d'existence,
  D'actuelle réalité,
  Que dans notre reconnaissance,
Jusqu'à l'instant qu'il plaise au maître souverain
De rappeler à lui l'ame du châtelain
  Dont nous briguons la survivance.
  Mais comme ce vieux paladin,

AU ROI.

Quoique goutteux, octogénaire,
S'aime beaucoup dans ce bas hémisphère,
Et n'aima jamais son prochain ;
Que sait-on ? hélas ! le vieux reître,
Très choyé, très-soigneux des restes de son être,
Éternel dans ses bastions,
Empaqueté, fourré, le nez sur ses tisons,
Entre son major et son prêtre,
Ses histoires de garnisons,
Et ses pipes, et ses marrons,
Hélas ! enterrera peut-être
Celui pour qui nous demandons.
Dieu lui fasse toute autre grâce,
Si dans ce jour nous obtenons
Un coadjuteur de sa place !
Et quand il aura tout conté
Sur Hochstet et sur Ramillies,
Comment on eût mieux fait, ce qu'on eût emporté
De gloire, d'immortalité,
Et de moustaches ennemies,
S'il avait été consulté ;
Quand il aura bien exalté
Les antiques chevaleries,
Des maréchaux défunts dépeint les effigies,
La perruque et l'austérité,
Bien rabâché, bien regretté
Ses campagnes et ses orgies,
Des siéges où peut-être il n'a jamais été,
Des belles dont sans doute il n'a jamais tâté,

REQUÊTE

Enfin quand le bonhomme aura bien répété
    Les ennuyeuses litanies
Du temps passé, seul temps par lui toujours vanté;
Après qu'il aura joint à cette kyrielle
Ce que dans sa baraque il compte faire un jour,
Ses projets assez longs pour la vie éternelle,
Les mémoires qu'il doit présenter à la cour,
Et qu'à son ordinaire il aura dit sans cesse,
    « Ma courtine, mon tenaillon,
    » Mon pont-levis, ma forteresse,
    » Mon aumônier, ma garnison,
    » Le roi mon maître, mon canon; »
Tout cela dit et fait, et deux ans qu'on lui laisse,
    Par bienséance ou par tendresse,
Dieu veuille rappeler dans l'éternel dortoir
    Le peu d'esprit qu'il peut lui voir,
Et, moitié marmottant sa courte patenôtre,
    Moitié sur sa goutte jurant,
    Nous l'endormir chrétiennement,
    Et le clore hermétiquement
    Pour son bonheur et pour le nôtre !
Si la rage du bruit et d'un frivole honneur,
Chimère des vivans, dans les demeures sombres,
Tient aussi des vieux preux les sérieuses ombres,
Il peut être assuré que son cher successeur,
Plus jaloux qu'un parent d'orner ses funérailles,
    Lui fera dresser de grand cœur
    Toute la pompe des batailles;
Que, pour mieux décorer son convoi, son tombeau,

AU ROI.

On empruntera de la ville
Ce qui peut manquer au château,
Prêtres, soldats, poudre, bedeau,
Et tout le funèbre ustensile;
Que vers son dernier domicile
Toutes les croix de Saint-Louis
Qui végètent dans le pays
L'accompagneront à la file;
Que tous les vieux fusils ce jour-là sortiront
De leur rouille et de leur poussière,
Et, s'ils le peuvent, tireront,
Pour annoncer au loin sa marche funéraire;
Que son large écusson, sa croix, son cimeterre,
Le catafalque honoreront;
Et qu'enfin au sein de la terre
Ses reliques ne descendront
Qu'avec les honneurs de la guerre.

FIN DU TOME SECOND.

TABLE

DES PIÈCES CONTENUES DANS CE VOLUME.

Ver-vert. A madame l'abbesse de D***. Chant premier, page 1
Chant second, 7
Chant troisième, 14
Chant quatrième, 19
Le Carême impromptu, 27
Le Lutrin vivant. A M. l'abbé de Segonzac, 34

ÉPITRES.

Ire. La Chartreuse. A M. D. D. N., 42
II. Les Ombres. A M. D. D. N., 67
III. A ma Muse. Envoi à madame ***, 79
IV. A M. le comte de Tressan, 100
V. Au P. Bougeant, jésuite, 102
VI. A ma sœur, sur ma convalescence, 124
VII. A M. Orry, contrôleur-général, 133
VIII. Sur un mariage, 135
IX. Au roi de Danemarck, 144

TABLE.

X. Au roi de Prusse, page 146
XI. L'Abbaye. A M. le chevalier de Chauvelin, alors à l'armée de Westphalie, sur l'élection d'un moine abbé, 147
XII. A M. de Boulougne, contrôleur-général, 161
XIII. A M. le comte de Rochemore, 167
XIV. Au P. Bougeant, 170
XV. A MM. les ducs de Chevreuse et de Chaulnes, à l'armée de Flandre. 1747. 174
XVI. A M. de Tournehem, directeur et ordonnateur-général des bâtimens du Roi, sur la colonne de l'hôtel de Soissons, 180
XVII. Sur l'Égalité, 185
XVIII. A madame de Génonville, 189
XIX. A M. de Mouregard. Envoyée avec un pâté de quatre canards, dans le temps de la grippe. 1776, 191
XX. Fragmens du Chartreux, au sujet d'une femme qu'il avait connue, 205

PIÈCES FUGITIVES.

Voyage à la Flèche. A madame du Perche, 210
A Monseigneur l'évêque de Luçon, 218
Adieux aux Jésuites. A M. l'abbé Marquet, 219
Sur la tragédie d'Alzire, 221
Sur les tableaux exposés à l'Académie royale de peinture, au mois de septembre 1737. 222

TABLE.

A M. l'abbé de Chauvelin, page 225
Vers en réponse a une lettre de M. Vallier, ancien colonel d'infanterie, en date du 1er mai, 227
Quatorze ans, couplets, 228
Vers à la ville d'Arras, où l'auteur avait accompagné M. de Chauvelin, intendant de Picardie, 229
Réponse à un ami qui avait donné des louanges à l'auteur, 230
A madame Th**, pour l'engager à ne plus veiller la nuit, 231
Romance, ibid.
Vers en s'engageant à souper pour le lendemain chez un ami qui partait pour la campagne, et n'en devait revenir qu'à l'heure du repas, 232
Lettre au duc de Choiseul, sur le Mémoire historique de la négociation entre la France et l'Angleterre. 233
Requête au Roi. Gresset demande, pour un ami, la survivance d'une lieutenance de roi, 238

FIN DE LA TABLE DU SECOND VOLUME.

DE L'IMPRIMERIE DE DEMONVILLE.

www.ingramcontent.com/pod-product-compliance
Lightning Source LLC
Chambersburg PA
CBHW070645170426
43200CB00010B/2128